Rußland, Köhler-Langsdorff & Co.

Eine Streitschrift

von

Dr. jur. et phil. **Magnus Biermer**
ordentlichem Professor der Staatswissenschaften
an der Universität Gießen.

Gießen
J. Ricker'sche Verlagsbuchhandlung
(Alfred Töpelmann)
1903.

Vorrede.

Es hat den Anschein, als ob ich in Gießen meiner akademischen Lehrtätigkeit nicht recht froh werden soll. Kaum war ich hierher übergesiedelt, so nahmen mich die agrarischen Bündler aufs Korn, griffen mich offen oder versteckt in der Tagespresse an, suchten mich bei meinen Kollegen und Studenten anzuschwärzen, und neuerdings wagen sie sogar, nachdem sie von auswärts Succurs erhalten haben, direkte Vorstöße im Parlament gegen meine Person und meine Richtung. Ich weiß sehr wohl, daß viele Bekannte, die es mit mir gut meinen, den Standpunkt vertreten, daß es unter meiner Würde sei, mich mit so ungleichen Gegnern in der Tagespresse herumzuschlagen. Es sei vornehmer und auch zweckmäßiger — so sagt man —, wenn ich allen Anzapfungen ein souveränes Schweigen entgegensetzte. Leute, die das sagen, haben gut reden; denn sie gehören zu denjenigen, die keine Gefahr laufen, täglich ihren guten Namen in der Zeitung herumgezerrt zu sehen. Sie werden in Ruhe gelassen und in der ernsten und gewissenhaften Erfüllung ihres Berufs nicht systematisch gestört.

Bei mir als Nationalökonomen liegt aber die Sache ganz anders. Ich stehe mit meinem Fache in der breiten Öffentlichkeit; ich nehme warmherzigen Anteil an Allem, was unser wirtschaftliches und politisches Leben bewegt. Ich muß das, weil ich unter Anderem auch Lehrer der Wirtschaftspolitik bin. Ich muß zu den sozialökonomischen Problemen auch der Gegenwart feste Stellung nehmen; nicht, weil ich einen politischen Ehrgeiz habe, der mir gänzlich abgeht — ich habe niemals eine politische Rolle zu spielen versucht —, sondern, weil heutzutage in dem wüsten Kampf der wirtschaftlichen Interessen es patriotische Pflicht eines Lehrers der Staatswissenschaften ist, von einem uninteressierten Standpunkte aus die wirtschaftspolitischen Tageskämpfe zu registrieren und, wenn es sein muß, kritisch zu beleuchten. Ich suche, weiß Gott, den Kampf mit den Parteien nicht. Auch mir ist es behaglicher zu Mute, wenn ich nicht öffentlich hervorzutreten brauche. Ich habe sehr viel Sinn für ein beschauliches und stilles Gelehrtenleben, wo ich ganz meinem Fache, meiner Lehrtätigkeit und meinen wissenschaftlichen Studien mich widmen kann. Auch würde damit meine Zeit, die manchmal knapp genug bemessen ist, vollauf ausgefüllt sein.

Indessen sind das fromme Wünsche. Von den verschiedensten Seiten versucht man es, sich an mir zu reiben. Man verdächtigt mich und spricht mir das Recht ab, mich dagegen zu wehren. Ich habe keine Lust, mir das auf die Dauer gefallen zu lassen; denn ich vermag nicht einzusehen, warum ich, den mein Fach wohl oder übel in die engste Beziehung zu den wirtschaftspolitischen Gegensätzen der Gegenwart bringt, auf diejenigen staatsbürgerlichen Rechte verzichten soll, die jedem halbgebildeten Knoten ohne weiteres preßrechtlich zustehen. Ich habe glücklicherweise auch Temperament genug, meine Klinge zu führen, wenn man auf mich eindringt. Dabei verstecke ich mich hinter keine Partei, weil es keine Partei giebt, die mich ohne Hintergedanken verteidigen kann oder will. Der einzige Trost, der mir in dieser üblen Lage bleibt, ist der, daß fast alle meine Spezialkollegen ähnlichen Konflikten ausgesetzt waren, und daß die meisten von ihnen ebenfalls zur Feder gegriffen haben, um sich ihrer Haut kräftig zu wehren.

Der Fall, dem die vorliegende Broschüre ihre Entstehung verdankt, ist ein besonders gearteter. Soweit ich sehen kann, ist er einzig in seiner Art. Kaum jemals zuvor hat man einen so rücksichts- und schamlosen Vorstoß gegen die akademische Lehrfreiheit, unter der die deutschen Hochschulen auf eine bewunderungswürdige Höhe gekommen sind, gemacht, wie jetzt. Ich meine nicht etwa die dummen Verdächtigungen, die in dem Antrag Köhler-Langsdorf gegen meinen Herrn Kollegen Dr. Liefmann und meine Person ausgesprochen oder wenigstens angedeutet sind. Hier haben Halbbildung und Ignoranz die plumpe Feder eines nationalökonomischen Abcschützen geführt. Solche Angriffe könnte man in der Tat auf sich beruhen lassen; denn sie richten sich ganz von selbst. Aber die Sache hat leider auch eine große prinzipielle Bedeutung. Sie liegt darin, daß zum ersten Male der Versuch gemacht wird, von dem Parlamente das Recht zu ertrotzen, bestimmte politische Agitatoren und Demagogen in den Universitätslehrkörper einzureihen und ihnen das verantwortungsvolle Fach der Nationalökonomie zu überlassen. Ich habe nichts dagegen, wenn man neben meiner wirtschaftspolitischen Richtung auch andere wissenschaftlich ernst zu nehmende auf der Universität zu Worte kommen läßt. Das kann mir im Gegenteil nur angenehm sein; denn im wissenschaftlichen Leben giebt es keine Konkurrenz im gewöhnlichen Sinne des Wortes, oder es sollte wenigstens keine geben. Will man die Lehrstühle der Nationalökonomie vermehren, so hebt das nur die Bedeutung des Faches und dafür trete ich, solange ich nationalökonomischer Dozent bin, mit Nachdruck ein. Wogegen ich mich aber mit aller Energie sträuben werde, ist die Degradierung der Nationalökonomie als Lehrfach zu einem Mittel für die bessere Vertretung selbstsüchtiger wirtschaftlicher Interessen. Gelänge ein solcher frivoler Plan, so hätte die Nationalökonomie aufgehört, eine Wissenschaft zu sein. Sie würde auf das denkbar niedrigste Niveau herabgedrückt werden, sie wäre prostituiert.

Ich trete mit meiner Broschüre nicht nur für die Reinhaltung unserer Universität ein. Die Gießener Hochschule ist nur eine unter vielen. Den Kampf, den ich hier als Einzelner austragen muß, kämpfe ich nicht nur für meine Person und die hessische Landesuniversität, sondern für die altbewährten Grundlagen des deutschen Universitätswesens überhaupt. Ob das anerkannt wird, kann mir gleichgültig sein. Das nächste Ziel muß m. Er. sein, zu verhindern, daß ähnliche Vorstöße, wie ihn sich Herr Köhler-Langsdorf jetzt erlaubte, sich sobald nicht wiederholen. Außerdem kommt es darauf an, einen wissenschaftlichen Geschäftsmann, wie es Herr Professor Ruhland unzweifelhaft ist, und als welchen ihn die Fachwelt längst erkannt hat, endlich mit gebührender Rücksichtslosigkeit des unlauteren Wettbewerbs zu überführen. Hoffentlich wird mir das gelingen. Sollte als Schlußakt noch eine gerichtliche Beleidigungsklage kommen, so sehe ich auch dem mit Gleichmut entgegen. Man kann unter Umständen auch solche unliebsame Skandale im Interesse einer guten Sache nicht ganz vermeiden. Manchmal sind sie vielmehr das einzige Mittel, um volle Klarheit und Wahrheit zu schaffen.

Gießen, den 7. Februar 1903.

Biermer.

I.

Die Anfrage des Abgeordneten Köhler-Langsdorf betreffend die Besetzung des Lehrstuhls für Nationalökonomie an der Universität Gießen.

Am 19. Dezember 1902 reichte der antisemitische Abgeordnete Herr Köhler-Langsdorf, der auch den Wahlkreis Gießen im Deutschen Reichstage vertritt, seines Zeichens ein kleiner Landwirt und Bürgermeister des Marktfleckens Langsdorf in Oberhessen, eine sogenannte „Anfrage" bei der Zweiten hessischen Kammer ein. Diese Anfrage ist als Drucksache Nr. 74 später herausgekommen und lautet, wie folgt:

„In der von Edmund Klapper herausgegebenen „Deutschen Agrarzeitung", 48. Heft, vom 23. November 1902, erscheinend zu Berlin W, Potsdamerstraße 121 E, finden sich auf den Seiten 629, 630 und 631 folgende Ausführungen:

«Der Ackerbau in der Nationalökonomie.

In seinem umfassenden nationalökonomischen Werke „System der politischen Ökonomie" (Berlin, Verlag von W. Ißleib) beschäftigt sich Professor Ruhland auch mit den in Geltung gewesenen nationalökonomischen Systemen, deren Ideengehalt er herauszuschälen unternimmt und die er unter dem Gesichtswinkel der Zeitverhältnisse, da sie entstanden, sowie vom Stande unserer heutigen wirtschaftspolitischen Anschauungen aus, einer kritischen Prüfung unterwirft, indem er so die politische Ökonomie in ihrem Gährungs- und Werdeprozesse zeigt, und indem er versucht, dasjenige an geistigem Gehalt daraus auszusondern, was als von exaktem, bleibendem wissenschaftlichen Wert erscheint.

Des Längeren verweilt der Verfasser unter Anderem bei dem von Quesnay († 1774), Leibarzt des Königs Louis XV., begründeten physiokratischen System, dessen Ideen in Anbetracht der gegenwärtigen politischen Zustände und agrarischen Kämpfe wohl dazu angetan sind, das höchste Interesse der Öffentlichkeit zu erregen und wach zu halten. Der Landwirt von heute, der an dem Kampfe der Landwirtschaft um die Erhaltung ihrer Existenz und um die richtige Würdigung dieses Gewerbes für das Wirtschafts- und Staatsleben aktiv Anteil nimmt, ohne die Zeit gefunden zu haben, sich in das Studium der Nationalökonomie zu vertiefen, wird überrascht sein, bei Quesnay einen großen Teil jener Voraussetzungen, Argumente und Wahrheiten anzutreffen, auf die die modernen agrarischen Politiker bei ihrem Vorgehen sich stützen.

Doch gleichzeitig muß es überraschen, zu erkennen, wie gering die praktische Wirkung der Quesnay'schen Anschauungen auf die wirtschaftspolitische Entwickelung der Kulturvölker gewesen ist.

Als Gründe hierfür zieht Professor Ruhland verschiedene an. Er meint, daß das physiokratische System der Nationalökonomie bis in die Gegenwart hinein völlig verkannt wurde. Erst die umfassenden Spezialarbeiten von Professor August Oncken in Bern haben uns neuerdings dessen eigentlichen tieferen Wert enthüllt. Weiter — und das ist ungleich wichtiger — behauptet Professor Ruhland, „daß jetzt erst in der nationalökonomischen Entwickelung der modernen Kulturvölker die Zeit beginnt, für welche François Quesnay eigentlich gedacht und geschrieben hat.“ . . . „Jetzt erst beginnt die Zeit auszureifen für die Quesnay'sche Erkenntnis, daß das Glück und die Wohlfahrt der Völker sich nationalökonomisch nicht in dem Begriff des Kapitals erschöpft, sondern auf dem Acker in der Entwickelung der Ideen beginnen muß.“ Professor

Ruhland spricht seine Meinung dahin aus, „daß gerade das physiokratische System Quesnays uns eine große Zahl dauernder nationalökonomischer Wahrheiten überliefert hat."

Sehr eingehend skizziert Ruhland das System selbst. Unter den Zeitverhältnissen, deren Einfluß den Physiokratismus bedingt hat, betont Ruhland die Verarmung der bäuerlichen Bevölkerung, die in jener Periode vor Ausbruch der französischen Revolution furchtbare Dimensionen annahm. In Beziehung hierauf heißt es dann: „Das nationalökonomische System, welches solche Zeitverhältnisse zum Ausgangspunkt hatte, war vor dem Irrtum sicher, im Gelde und in einer blühenden Exportindustrie die Elemente des Glücks und der Wohlfahrt der Völker zu erblicken." Jetzt ging man vielmehr von der grundlegenden Frage aus: „Wie muß die wirtschaftspolitische Ordnung eines Landes beschaffen sein, um ein Volk auf gutem Boden, unter günstigen klimatischen Verhältnissen vor Not zu bewahren?" Und die Antwort von François Quesnay kam naturgemäß vor Allem zu der fundamentalen Bedeutung des gerade damals so sehr verachteten und bedrückten Bauernstandes. Denn — so sagte Quesnay — „die Wohlhabenheit, der Reichtum eines Volkes, setzt sich zusammen aus der Summe jener materiellen Güter, welche in der einen oder anderen Form dem Boden entnommen sind." Jede Vermehrung der Güter hat deshalb ein vermehrtes Schöpfen von Stoffen aus dem Boden zur Voraussetzung. Und nachdem diese Stoffe vom Boden losgelöst sind, kann im Weiteren die menschliche Arbeit dieselben zwar veredeln und verbessern für den Verbrauch, aber sie kann sie niemals vermehren. Die Arbeit von Gewerbe und Handel ist deshalb nicht eigentlich produktiv. Volkswirtschaftlich produktiv ist nur die auf den Boden verwendete Arbeit: die Landwirtschaft, Forstwirtschaft, der Bergbau (?) und die Fischerei, oder in einem Wort: Die Urproduktion." ... „Der Boden aber ist deshalb die einzige und alleinige Quelle alles dessen, was wir Güter und Reichtum nennen."

„Die wichtigste Urproduktion ist die landwirtschaftliche Produktion, und zwar speziell die Getreideproduktion. Im Mittelpunkt aller wirtschaftspolitischen Erwägungen steht deshalb die Frage nach der richtigen Getreidepolitik. Die Getreidepreise sollen nicht zu hoch sein, damit das Volk nicht notleiden muß. Sie sollen aber auch nicht zu niedrig sein, um den Bauer nicht vom Acker zu verjagen und die Landbevölkerung im Elend verderben zu lassen. Es handelt sich also um mittlere Getreidepreise, bei denen Bauer und Bürger bestehen können. Diese guten, mittleren Getreidepreise sollen nicht vorübergehend, sondern von Dauer sein." Die Folge guter Getreidepreise ist, daß die Kaufkraft der ländlichen Bevölkerung für industrielle Produkte allgemein wächst. Und da mit der Höhe der Getreidepreise auch die Arbeitslöhne direkt proportional steigen und fallen, so hat auch der Lohnarbeiter aus einer Besserung der Getreidepreise zunächst keinen Nachteil, wohl aber durch die wachsende landwirtschaftliche Wohlhabenheit den Vorteil gesteigerter Arbeitsgelegenheit. Sind umgekehrt die Getreidepreise dauernd niedrig, dann wird die Getreideproduktion eingeschränkt, die Zunahme des Reichtums des Volkes kommt ins Stocken, die Arbeitslöhne werden billiger, die Arbeitsgelegenheit geringer, und alle Welt kommt in Zahlungsschwierigkeiten. Deshalb hat François Quesnay an die Spitze seiner berühmtesten nationalökonomischen Schrift, des „Tableau économique" vom Jahre 1758, das Motto gesetzt: „Pauvre paysan, pauvre royaume, pauvre royaume, pauvre roi" — auf Deutsch: „Ist der Bauer arm, ist auch das Reich und der König arm, hat der Bauer Geld, so hats die ganze Welt."

Im Gegensatz zu den Urproduzenten, die dem Boden die Güter abgewinnen, sind die Manufakturisten und Händler zwar nicht direkt unproduktiv, aber der von ihnen erzeugte Mehrwert wird von den Kosten der darauf verwendeten Arbeit so ziemlich verzehrt. Machen trotzdem Händler, Gewerbetreibende und Industrielle große Gewinne, so geschieht das nach Quesnay immer auf Grund von Privilegien und auf Kosten von anderen Volksklassen. Aus diesen Quellen fließt dann jener unheilvolle Geldreichtum, der dem Lande leicht gefährlich werden kann.»

Ich bemerke hierzu, daß das in diesen Ausführungen genannte nationalökonomische Werk des Herrn Professors Dr. Ruhland aus der Bücherei der Zweiten Kammer der Stände der Großherzoglichen Regierung und den Mitgliedern des Landtags zur Verfügung steht.

Aus ihm gehen folgende Lehren hervor:

Zu gegenwärtiger Zeit treten in unserem Lande die Theorien dreierleier Wirtschaftssysteme als Parteianschauungen öffentlich wirksam hervor:

a) in den links-liberalen Parteien — Smith-Ricardo,
b) in der sozialdemokratischen Partei — Ricardo—Marx (Ricardo und Marx waren Juden),
c) in den bäuerlichen Parteien — die Weltanschauung, wie sie zumeist dem physiokratischen System des François Quesnay entspricht.

Der Anfragesteller mit seinen bäuerlichen Freunden muß es infolge dieser Erkenntnis, daß zu den gegenwärtigen traurigen Staatszuständen (mit ihrer furchtbaren Schuldenwirtschaft, ihrer Abhängigkeit von der Börse und ihrer darniederliegenden ausgebeuteten Landwirtschaft) in ganz hervorragendem Maße die praktische Einführung und Verwertung der Smith-Ricardo'schen Theorien als höchste Staatsmaximen geführt haben, auf das Allertiefste bedauern, daß eben diese verderblichen Theorien seit Jahren und besonders in gegenwärtiger Zeit als höchste Staatsweisheit den Studierenden an der Universität Gießen und nachherigen Staatsbeamten durch einen den Börsenkreisen nahestehenden Professor und einen jüdischen Privatdozenten gelehrt werden.

Der Anfragesteller erachtet es darum als einen unhaltbaren Zustand, daß die Studentenschaft der Universität Gießen infolge des gezeigten Umstandes gezwungen ist, Lehren zu unterliegen, deren Wahrheit von ihnen wohl selbst angezweifelt werden muß und die den Ansichten der allergrößten Mehrzahl des hessischen Volkes widersprechen. Der Anfragesteller erachtet es hiernach als einzig richtig, wenn die Großherzogliche Regierung diese Sache, die früher schon in einer Verhandlung des Landtages durch die Herren Abgeordneten Brauer und Friedrich in Bezug auf den früheren Professor Laspeyres gestreift wurde (siehe Protokolle des XXX. Landtags, Band I. Protokoll 27, Seite 586 und 587), sich endlich einmal näher betrachtete und Abhilfe schaffte.

Insbesondere erscheint es als eine gerechtfertigte Forderung der bauernfreundlichen Kreise unseres hessischen Volkes, also der Mehrheit desselben, wenn verlangt wird, daß neben der bestehenden ordentlichen Professur der Nationalökonomie mit der Smith=Ricardo'schen Richtung eine gleichgeordnete Professur mit der oben geschilderten Quesnay'schen Richtung (am besten unter Berufung des Herrn Professors Dr. Ruhland in Berlin selbst) an der Universität Gießen alsbald eingerichtet werde.

Ich frage hierzu:

1. Gedenkt die Großherzogliche Regierung in Anbetracht der geschilderten Verhältnisse an der Universität Gießen eine ordentliche Professur für Nationalökonomie des physiokratischen Systems einzurichten?
2. Im Verneinungsfalle, was bewegt sie zu der Nichtbeachtung dieser aus den Kreisen der Mehrheitsparteien des hessischen Volkes gestellten Forderung?
3. Gedenkt die Großherzogliche Regierung diese Fragen so zeitig zu beantworten, daß über dieselben gelegentlich der Budgetberatung 1903/04 zu Kapitel 36 (Landesuniversität) im Plenum des Landtages verhandelt werden kann?"

II.

Die „Gießener Neuesten Nachrichten" brachten in ihrer Nr. 23 vom 28. Januar 1903 folgenden Leitartikel aus meiner Feder. Ich hatte im Gegensatz zu meiner sonstigen Gewohnheit den Artikel nicht mit meinem Namen unterzeichnet, aus dem ganz einfachen Grunde, weil ich von mir selbst in der dritten Person spreche. Zur Vaterschaft der Replik habe ich mich im Übrigen überall bekannt. Außerdem bestand, soviel ich sehen kann, nirgends der geringste Zweifel darüber, wer den Aufsatz geschrieben habe. Derselbe lautet:

Die lex Köhler=Langsdorf.

Der Zweiten hessischen Kammer liegt bekanntlich ein Antrag des Herrn Abgeordneten Köhler=Langsdorf vor, wonach die Staatsregierung aufgefordert wird, neben der bisherigen ordentlichen Professur für Nationalökonomie an der Landesuniversität eine zweite zu errichten und diese mit einem Gelehrten zu besetzen, der agrarische Anschauungen im Sinne des Bundes der Landwirte vertritt. Es ist nichts Neues, daß in unseren deutschen Parlamenten von bestimmten Interessentengruppen die Errichtung politischer Professuren gefordert wird. Unter anderem ist das wiederholt auch im Preußischen Landtage geschehen. Dort hat der jetzt verstorbene, freikonservative Großindustrielle Freiherr von Stumm wiederholt verlangt, daß den Berliner Nationalökonomen Adolph Wagner und Gustav Schmoller, die zu arbeiterfreundlich seien, Professoren zur Seite gestellt würden, die den Unternehmerstandpunkt der rheinisch-westfälischen Großindustrie zu vertreten versprächen. In der Bayerischen Kammer haben die Bauernbündler die Münchener Professoren Brentano und Lotz auf das heftigste angegriffen und von der Regierung verlangt, daß bei der Berufung von Dozenten deren wirtschaftspolitische Stellung genauer als bisher geprüft werden möge. In Baden sind die Vorschläge der Fakultäten, die den Breslauer Nationalökonomen Sombart in erster Linie nominierten, an dem Widerstand der Regierung gescheitert. Ähnliche Vorgänge der Art sind in Fachkreisen ein öffentliches Geheimnis. Sie betreffen im Übrigen nicht nur das besonders exponierte Fach der Nationalökonomie, sondern auch die Disziplin des Staatsrechts, der Philosophie und die gesamte protestantische Theologie. Was die Theologie anbetrifft, so haben bestimmte rechtsstehende Parteirichtungen bereits große Erfolge zu verzeichnen, namentlich in Preußen. Dort hat man „Strafprofessuren" geschaffen, um kirchlich liberal gerichtete Fakultäten in Schach zu halten. Die Fakultäten, die immer nur die wissenschaftliche Befähigung für die Besetzung der Lehrstühle ausschlaggebend sein lassen wollten, haben es nicht verhindern können, daß man ihnen Professoren einfach octroyiert hat.

Insofern politische und kirchliche Richtungen die Freiheit der Wissenschaft zu untergraben suchten, ist also der Antrag Köhler-Langsdorf, der demnächst die Zweite hessische Kammer beschäftigen soll, nichts Neues. Dieser Vorstoß ist vielmehr nur ein Glied einer langen Kette parlamentarischer Übergriffe in die historisch altbewährten Rechte der deutschen Universitäten und in das verfassungsmäßige Selbstbestimmungsrecht der vorgesetzten Ministerien. Indessen ist Herr Köhler-Langsdorf nicht dabei stehen geblieben, der Staatsregierung nur eine bestimmte Richtung, die sie zu berücksichtigen habe, vorzuschreiben, sondern er ist noch einen Schritt weiter gegangen. Einmal hat er die beiden Gießener nationalökonomischen Dozenten als im Händler- und Börsenstandpunkte befangen hingestellt, er hat sie ferner bei der Studentenschaft als einseitig-verbohrt denunziert und sogar den Versuch gemacht, die Schüler gegen die Lehrer auszuspielen. Auch dabei hat er sich noch nicht begnügt; denn er hat der hessischen Staatsregierung und der Kammer einen bestimmten, mit vollem Namen genannten Kandidaten, Herrn Professor Dr. Ruhland, früher Privatdozenten an der Universität Zürich, dann Professor an der Dominikanerlehranstalt zu Freiburg in der Schweiz und nationalökonomischen Experten beim Direktorium des Bundes der Landwirte, als besonders qualifizierten Gelehrten und Dozenten für den neuen Lehrstuhl in Vorschlag gebracht. Es ist also dem hessischen Parlament vorbehalten geblieben, sich mit einem Antrage beschäftigen zu müssen, der nicht nur in der Schaffung einer ausgesprochen politischen Professur, sondern auch in der Berufung einer ganz bestimmten Persönlichkeit gipfelt.

Es liegt uns fern, auf die hier gestellte Personenfrage einzugehen. Was uns und weitere Kreise interessiert, ist nur die Feststellung der Tatsache, ob Professor Biermer wirklich „bauernfeindlich-manchesterlich" und Herr Professor Ruhland wirklich ausgesprochen agrar-schutzzöllnerisch im Sinne Köhlers und seiner Partei sind. Wir können uns bei der Festlegung dieses Tatbestandes von einer ausfallenden persönlichen Polemik frei halten; denn beide Autoren, Biermer und Ruhland, haben zu dem Getreidezollproblem, das ja gegenwärtig im Mittelpunkt der Diskussion steht und für die lex Köhler-Langsdorf ausschlaggebend war, literarisch Stellung genommen.

Professor Dr. Biermer-Gießen hat vor zwei Jahren im Mittelrheinischen Fabrikantenverein zu Mainz über die Getreidezölle einen Vortrag gehalten, der im Druck vorliegt. Wir geben hier den wichtigsten Passus wörtlich wieder. Obgleich sich seit jenem Vortrag in unserer zollpolitischen Situation sehr Vieles geändert hat, verdienen die Ausführungen Biermers auch heute noch Beachtung, umsomehr, wenn man sie mit denjenigen Ruhlands, die wir nachher abdrucken, in Vergleich stellt.

Professor Biermer sagte am 17. Januar 1901 in seinem Mainzer Vortrag wörtlich Folgendes:

„Mir hat noch Niemand bewiesen, dass die Agrarkrisis, soweit sie sich als Folge des russischen und transozeanischen Wettbewerbs zeigt, auch in Zukunft in gleicher Stärke sich erweisen wird. Aber auch wenn das anzunehmen wäre, würde ich doch, zumal auch der Bauernstand in Mitleidenschaft gezogen und in grossem Umfange proletarisiert würde, die allerernstesten volkswirtschaftlichen Bedenken tragen, einer solchen Wirtschaftspolitik, die das landwirtschaftliche Gewerbe mit seiner grossen sozialen Bedeutung seinem Schicksal überliesse, zuzustimmen. Wenn es Mittel giebt, eine Klasse zu retten, ohne dass diese die gesamte volkswirtschaftliche Entwickelung stören und aufhalten, so dürfen diese Mittel nicht unversucht bleiben. Die britische wirtschaftliche Entwickelung ist für mich kein unbedingtes Ideal. Ich sehe in einer Nation, die einen landwirtschaftlichen Grundbesitzerstand hat, der mit der Scholle verwachsen und der Träger historischer Traditionen ist, ein gesundes Gegengewicht gegenüber den Mächten des allzu stürmischen Fortschrittes. Mir scheint, unsere nächste Aufgabe kann nicht sein, die Flinte ins Korn zu werfen. Zum mindesten gilt es, Zeit zu gewinnen für das grosse Werk der inneren Kolonisation, und für diese Zeit bedürfen wir einen Krisenschutz, der langsam in die neuen wirtschaftlichen Verhältnisse überleitet. Ist es erwiesen, dass seit den Caprivischen Handelsverträgen mit der Ermässigung der Getreidezölle die Lage unserer Landwirte sich weiterhin verschlechtert hat, so muss — das ist die Hauptthesis, die ich hier vertreten will — wenigstens der Versuch gemacht werden, ob wir brauchbare Handelsverträge zu Stande bringen mit einer mässigen Erhöhung der Getreidezölle.

Der Zollsatz von 3.50 Mk. wird heute vielfach wie eine heilige Zahl angesehen. Selbst ein Abgeordneter, der zur Süddeutschen Volkspartei gehört, also zu derjenigen bürgerlichen Partei, die die weitgehendsten sozialpolitischen Forderungen in ihr Programm aufgenommen hat, erklärte vor Jahresfrist in einer öffentlichen Versammlung, dass er nicht einzusehen vermöge, warum der durch die Caprivischen Handelsverträge geschaffene Zollsatz der unverrückbare Punkt sein müsse, um den sich die handelspolitische Diskussion drehe. Bei einem Zollsatz von 5 Mk. in der Aera des autonomen Tarifs hatten wir längere Zeit annehmbare handelspolitische Beziehungen mit unseren Nachbarn. Unleidlich war das Verhältnis eigentlich nur mit den Vereinigten Staaten von Amerika geworden. Dass sich ein solches unleidliches Verhältnis wiederholt, dass die Union es wieder mit Prohibitivzöllen versuchen wird, ist auch bei der blossen Erneuerung der Handelsverträge keineswegs ausgeschlossen. Die Meistbegünstigungsklausel hindert die amerikanischen Staatsmänner nach keiner Richtung hin, wiederum zum extremen Schutzzolltarif überzugehen. Und wie ist denn der Zollkrieg mit Russland entstanden? Doch hauptsächlich dadurch, dass sich Deutschland stark genug fühlte, den russischen Koloss zu differenzieren, d. h. zollpolitisch anders zu behandeln wie Österreich-Ungarn.

Ist es richtig, dass Russland und Österreich-Ungarn den Zollsatz von 3.50 Mk. nicht als conditio sine qua non betrachten, so ist es auch nicht ausgeschlossen, dass annehmbare Handelsverträge zu Stande kommen, zumal da bei Handelsverträgen auch politische Momente mitzuspielen pflegen. Wir wissen über die gegenwärtige auswärtige Politik freilich so gut wie nichts. Auf Überraschungen müssen wir täglich gefasst sein, auch auf demjenigen Gebiete, wo handelspolitische und weltpolitische Gesichtspunkte zusammentreffen. Ausserdem hat sich an der Tatsache nichts geändert, dass die russischen und ungarischen Kornkammern auf den Absatz in Deutschland angewiesen sind.

Selbstverständlich kann nur von einer mässigen Tariferhöhung die Rede sein. Ein Getreidezoll von Mk. 7.50, wie ihn unsere Agrarier heute verlangen, würde mit tödlicher Sicherheit zum Zollkriege führen, wenigstens war das der Satz, mit dem wir den letzten Zollkrieg mit Russland auszufechten suchten. Die grundsätzliche Forderung der Landwirte, dass der Agrarschutz so kräftig sein müsse, dass er wieder die Inlandspreise der 70er und 80er Jahre bringe und damit eine willkürlich festgesetzte Rentabilität eines tatsächlich fiktiven Grundwertes gewährleiste, ist natürlich schlankweg von der Hand zu weisen. Ein Programm, das solche Postulate acceptiert, verkennt alle Grundlagen der deutschen Volkswirtschaft, verlangt von der Diplomatie Unmögliches und tritt geflissentlich den sozialpolitischen Zug unserer Zeit mit Füssen.

Bei einem 5 Mark-Zoll — das ist ja der Satz in dem in alle

Himmel gehobenen autonomen Tarif von 1887 — wird sich die besonnene Minorität der landwirtschaftlichen Interessenten zufrieden geben müssen. Er bessert unter sonst gleich bleibenden Verhältnissen die Getreidezölle auf, ohne dass es wahrscheinlich ist, dass sofort auch der Grundwert wieder steigt. Der höhere Zoll heilt natürlich die Agrarkrisis nicht. Unter den jetzigen Besitzverhältnissen ist diese Krisis überhaupt unheilbar. Er stellt nur eine Konzession der Gesamtheit zu Gunsten eines notleidenden Teils dar auf Kosten der Gesamtheit. Wenn diese Konzession erkauft werden kann durch eine gleichzeitige Verkehrsreform im grossen Stil, so ist sie wahrscheinlich nicht zu teuer erkauft. Aber auch in dem Falle, dass die Landwirte das bessere Geschäft machen, der Osten zu Gunsten des Westens profitiert, den landwirtschaftlichen Produzenten zu Ungunsten der Masse der Konsumenten geholfen wird, vermag ich den Kompromiss nicht von der Hand zu weisen. Es giebt Perioden, wo der Wohlfahrtsstaat einem Teile nur dadurch unter die Arme greifen kann, indem er die Übrigen vorübergehend schädigt. Auch bei den industriellen Schutzzöllen ist das anfänglich der Fall. Der Industriezoll und der Agrarzoll sind, wie allgemein bekannt, sehr verschiedene Dinge. Das eine ist eine Erziehungsmassregel, das andere eine Notstandsmassregel. Verwandt sind beide nur dadurch, dass sie vorübergehend gedacht sind. Den agrarischen Krisenschutz brauchen wir so lange, bis wir über die dauernden Ursachen der Agrarkrisis unterrichtet sind. Einen plötzlichen Ansturm des ausländischen Wettbewerbs sind wir berechtigt abzuwehren. Zeigt sich, dass die ausländischen Produktionskosten so niedrig bemessen sind und dauernd niedrig bleiben, so dass sie trotz erhöhten Zolls den Markt beherrschen, so werden wir wohl oder übel den Wettbewerb aufgeben müssen. Aber auch in dem Falle, dass die ausländische Konkurrenz in der nächsten Zeit ganz von selbst nachlässt, ist der Agrarschutz nur ein vorübergehendes Mittel.

Ich weiss sehr wohl, dass ich mit meinen bisherigen Erörterungen gegen zwei Grundlehren, die ich in meinen theoretischen Vorlesungen den Studenten vortrage, verstosse. Die eine Grundlehre ist die: Ein wirklich wirksamer Agrarschutz, der die Rentabilität des landwirtschaftlichen Betriebs steigert, nützt den Grundbesitzern nur so lange, als der durch diese Massnahme erhöhte Grundwert bei Kauf oder Erbteilung noch nicht zu Tage tritt. Der zweite Lehrsatz gehört dem Gebiete der Sozialpolitik an und lautet: Der Agrarschutz, wenn er wirksam sein soll, verteuert den Preis der wichtigsten Nahrungsmittel und ist deswegen sozialpolitisch unmodern und bedenklich.

Was den ersten Vorstoss anbetrifft, so ist er von viel weniger aktuellem Interesse als der zweite. Das wirtschaftliche Gesetz, dass eine steigende Rente den Wert der Produktionsstätte erhöht, ist unzweifelhaft richtig. Das gilt sowohl von der Grundrente als von der Fabrikrente. Der Industriezoll führt aber zur Vergrösserung des Betriebs, zur Verbesserung desselben und zur Erweiterung des Absatzes. Der Agrarzoll tut das der Natur der Sache nach nicht, sondern macht nur das Produkt absatzfähiger. Nun ist nachweislich der Bodenwert, soweit derselbe für den landwirtschaftlichen Betrieb in Frage kommt, nach einer langen Periode rapider Steigerung nicht weiter gestiegen. Er wäre wahrscheinlich längst gesunken, wenn es einen beweglichen Markt für grosse Güter gäbe, wenn der Besitzwechsel grösser wäre, wenn die Landwirte kaufmännisch besser zu rechnen verständen, und wenn mit der Tatsache des Grundbesitzes nicht zahlreiche politische und gesellschaftliche Vorrechte verknüpft wären, die man als Affektionswert kapitalisiert. Inzwischen entsteht im industriellen Westen eine neue Aristokratie, die ihre überschüssigen Kräfte dem höheren Staatsbeamtentum zuführt. Der waschechte Ostelbier sieht in ihr den Konkurrenten, Schlotbarone, Parvenüs. Der vorwärts strebende Staat, der sich zunehmend modernisiert — selbst der preussische Staat tut das — rezipiert die neuen westlichen Familien. Denn nicht alle Vorfahren können bei Leuthen gefochten haben. Infolge dieser eigentümlichen Wandlung verliert die Affektionspreissteigerung der östlichen und nordöstlichen Rittergüter an Bedeutung. Ich möchte annehmen, dass die Grundwertbewegung dort auf dem Beharrungsstandpunkte angelangt ist und dass, wenn ein Loch im Portemonnaie der Grossgrundbesitzer zugestopft wird, nicht gleich, wahrscheiulich überhaupt nicht, der auch dann noch viel zu hohe Grundwert wieder in die Höhe schnellt. Höchstens wird ein Fallen der Grundpreise, das schon längst hätte eintreten müssen, verhütet.

Ich gebe den theoretisch gewonnenen Satz von der Wechselwirkung zwischen Rente und Kapitalwert nicht auf. Ich glaube nur, dass die Nutzanwendung in unserem Falle nur mit äusserster Vorsicht gezogen werden darf. Bei einer mässigen Erhöhung des Getreidezolles versagt wahrscheinlich die theoretische Regel. Bei einem Satz von Mk. 7.50 wirkt sie dagegen unzweifelhaft in voller Kraft."

Ganz anders ist der Standpunkt des Herrn Professor Dr. Ruhland. Dieser Herr hat 1894 einen „Leitfaden zur Einführung in das Studium der Agrarpolitik" herausgegeben. Auf Seite 28 desselben behandelt Herr Ruhland die Getreidezollfrage mit folgenden Worten:

„In der Hauptsache verbleiben uns jene Massregeln, welche auf eine Steigerung des landwirtschaftlichen Einkommens abzielen: sei es durch Steigerung der Produktenpreise mittelst Schutzzoll und Doppelwährung, sei es durch Minderung der Lasten mittelst Steuernachlässe und Verbilligung des Kredits.

Nehmen wir nun wirklich einmal an, dass sich all' diese Forderungen im Einzelnen als berechtigt begründen liessen und dass sie von Seiten der gesetzgebenden Körperschaften zur Annahme gelangten, was wäre damit erreicht? Zunächst natürlich eine entsprechende Steigerung des landwirtschaftlichen Einkommens. Und nachher? Nun, alle Welt weiss es ja eigentlich. Man misst den Vorteil einer jeden einzelnen landwirtschaftlichen Massnahme ganz allgemein an dem Einfluss auf die Preissteigerung der Grundstücke, m. a. W., jeder Zuwachs am Einkommen der Landwirte erhöht in dem entsprechenden Masse den Grundpreis. Und da nach dem übereinstimmenden Urteil sämtlicher landwirtschaftlichen Erhebungen mit dem Grundpreis mindestens gleichmässig fortschreitend die Verschuldung wächst, ist die letzte Wirkung all dieser einkommensteigernden Massregeln eine entsprechende Erhöhung der Schuldenlast des landwirtschaftlichen Besitzes. Wir sind also voraussichtlich in der nächsten Generation genau so weit, wie heute. Und wenn die Schutzzöllner konsequent sein wollen, so müssen sie dann eine abermalige verstärkte Auflage ihrer Mittel fordern. Ist auch diese Quote der Einkommenssteigerung von den Grundverpflichtungen verschluckt, dann wäre eine dritte Verstärkung der gleichen Mittel vorzunehmen u. s. w. ohne Ende. Man sieht: die Logik der Tatsachen führt hier ad absurdum.

Das Urteil über diese Massregeln wird nicht günstiger, wenn wir sie im Einzelnen betrachten. Für die Schutzzölle ist seit dem Dezembervertrag von 1891 die Zeit vorbei, wo man an eine Erhöhung denken konnte. Selbst die Schutzzöllner beschränken sich heute auf die Erhaltung des Bestehenden. Die Verstaatlichung des Hypothekenkredits ist ein zweischneidiges Schwert, denn der Bauer würde sofort seinen vollen Kredit ausnützen, und, wenn dann magere Jahre kommen, steht der allgemeine Bankrott vor der Türe. Selbst gegen die mit Recht so viel gerühmten Raiffeisenschen Darlehnskassenvereine bestehen unter den heutigen Verhältnissen Bedenken allgemeiner Art, wie die Erfahrungen mit den ritterschaftlichen Kreditvereinen im Osten der preussischen Monarchie zeigen. Die sehr billige Kreditgewährung bewirkt, dass bei jeder Handänderung die ritterschaftlichen Hypotheken ruhig stehen bleiben. Der Verkaufspreis der Rittergüter ist dementsprechend gestiegen, und in mindestens dem gleichen Verhältnis sind die Schulden gewachsen.“ —

Herr Professor Ruhland dokumentiert sich also in diesen Ausführungen, die er bereits 1885 in einem Aufsatze angedeutet und seither in zahlreichen Broschüren wiederholt hat, als ein Gegner des Agrarschutzzolles, der Doppelwährung, der Verstaatlichung des Hypothekarkredits, ja der Verbilligung des ländlichen Realkredits überhaupt. Noch 1894 hat er in der genannten Schrift (Seite 36) erklärt, daß der Standpunkt der Freihändler „entschieden richtiger sei, als der der Schutzzöllner“. Er operiert bei der Betrachtung des Grundwerts und der Grundrente in dem Verhältnis beider zum Getreidezoll durchaus mit den Argumenten David Ricardos, die Herr Köhler-Langsdorf als so verderblich und verhängnisvoll in Acht und Bann tut.

Hier scheint also ein förmliches Rätsel vorzuliegen, und seine Lösung ist nicht gerade einfach. Entweder hat Herr Köhler den Ruhland'schen Leitfaden nicht gelesen, oder er hat ihn nicht verstanden. Beides ist entschuldbar. Es erscheinen gegenwärtig so viel nationalökonomische Werke, daß man schon ungewöhnlich viel freie Zeit haben muß, wenn man selbst als Fachmann einen Überblick über die hauptsächlichsten Publikationen gewinnen will. Hat aber Herr Köhler wirklich alle Schriften Ruhlands durchstudiert, ohne dahinter zu kommen, was der genannte Autor eigentlich will und lehrt, so kann man auch daraus keinen Vorwurf machen; denn einmal ist die Nationalökonomie eine Wissenschaft, und zwar eine recht schwierige, und es ist unter Umständen um Vieles leichter, Reichstags- und Landtagsabgeordneter zu sein, als nur auch ein einziges wissenschaftlich geschriebenes nationalökonomisches Werk, auch wenn es, wie das Ruhland'sche, nur 60 Seiten umfaßt, zu kapieren. Das Verständnis solcher Schriften muß zum anderen ganz ungemein dadurch erschwert werden, wenn man sich die elementarsten Kenntnisse des Faches aus den Schriften eines Wirtschaftsphilosophen, wie es François Quesnay war, sich anzueignen bemüht; denn Quesnay liest heute kein Fachmann mehr; aus dem einfachen Grunde, weil man aus so veralteten doktrinären und naiven Betrachtungen, die nur noch höchstens literarhistorischen Wert haben, nichts lernen kann. In der Kulturwelt giebt es außer Herrn Professor Ruhland keinen nationalökonomischen Gelehrten oder Staatsmann, der Physiokrat wäre, wohl aber hunderte, die das physiokratische System nur aus geschichtlichen Kompendien ohne irgend welche Quellenstudien kennen.

Herr Professor Ruhland scheint übrigens seinen Quesnay auch erst neuerdings entdeckt zu haben. Als Eideshelfer für sein „System" treten Quesnay und seine Schule, soviel wir sehen können, erst in dem letzten Buche Ruhlands auf, und diese Ausgrabung ist an der deutschen nationalökonomischen Wissenschaft spurlos vorübergegangen.

Das Schönste an der Sache aber ist, daß die ganze Heranziehung Quesnays für moderne agrarische Agitationszwecke auf einem kolossalen Mißverständnis beruht. Quesnays ökonomisches Tableau, sein Hauptwerk, auf das sich Ruhland bezieht, ist vor fast 150 Jahren erschienen. Es war schon einige Jahre vorher fertig, aber die Marquise de Pompadour riet ihrem Leibarzte ab, es zu veröffentlichen, weil es den „Spott des Publikums herausfordern könnte". Es mußte erst von Mirabeau gemeinverständlich überarbeitet werden, bevor es der Öffentlichkeit übergeben wurde. Das Originalmanuskript ist erst 1890 wieder aufgefunden worden. Der 1774 als 80 jähriger Greis gestorbene Mediziner François Quesnay war Alles eher, als ein Vorläufer der modernen Agrarier; er war vielmehr in seinen letzten Konsequenzen, die natürlich der neugeadelte Leibarzt des Königs nicht selbst ziehen konnte, die aber seine Schule alsbald gezogen hat, ein scharfer Kritiker der Feudalaristokratie. Als solcher war er ein Vorahner der Bauernbefreiung und, wenn man will, ein Apostel der großen Revolution. Nicht die Grundbesitzer bezeichneten Quesnay und seine Schule als die „alleinige produktive Klasse", sondern den eigentlichen Ackerbauer, den damals unfreien leibeigenen Bauern, der auf fremdem Boden arbeitete, mit Frohndiensten, Zehnten und dergleichen schwer belastet war und von dem Feudalherrn um den Lohn seiner Arbeit, die Grundrente, gebracht, also systematisch ausgebeutet wurde. Die „natürliche Ordnung" ist für Quesnay die Verbindung von Arbeitseinkommen und Landbesitz. Dieses Postulat ist in den Stürmen der französischen Revolution zur Erfüllung gelangt, während in Deutschland die Bauernbefreiung ohne Revolution durch das Schön-Hardenberg'sche Reformwerk friedlich zur Verwirklichung kam. Alle Bauernbefreier waren liberale Naturrechtler im Sinn der Smith'schen Schule, die auf der Physiokratie, die in England freilich einen Veredelungsprozeß durchgemacht hatte, grundsätzlich aufbaut; sie waren Freihändler und Gegner jeglichen Eingriffs der Gesetzgebung und Verwaltung in das „freie Spiel der wirtschaftlichen Kräfte".

Die Verbreiter der physiokratischen Lehre schmiedeten die Waffen gegen den Absolutismus. Sie bekämpften deswegen auch die Wirtschaftspolitik des absoluten Staats, das sogenannte „Merkantilsystem". Sie waren nicht industriefeindlich in dem Sinne, wie es heute der radikalste Flügel der Bauernbündler ist; denn eine Industrie im heutigem Sinne gab es im 18. Jahrhundert auf dem Kontinente nirgends. Sie waren vielmehr nur Gegner der gekünstelten Wirtschaftspolitik, die durch Privilegien aller Art, Exportprämien und Industrieschutzzölle, Monopole und Preistaxen, die städtischen Manufakturen einseitig begünstigt und eine nationale Wirtschaftspolitik des geschlossenen Territorialstaats zum Durchbruch gebracht hat. Die naturrechtliche Schule der Physiokraten schwärmte für absolute Gewerbefreiheit, die 100 Jahre später die deutsche antisemitische Handwerkerpartei der Zünftler, die sich mit den agrarischen Bündlern in der antisemitischen Fraktion zusammenfand, als „Gewerbefrechheit" verhöhnte. Die Physiokraten forderten die Freizügigkeit und die Freiheit des Lohnvertrags, die unsere ostelbischen Großgrundbesitzer jetzt im Hinblick auf die „Leutenot" am liebsten beseitigt wissen möchten. Die Physiokraten verlangen endlich den freien Verkehr in Grund und Boden, den freien Getreidehandel, die Beseitigung seiner Gebundenheit und der Fideikommisse, während man heute im konservativen Lager das Institut der Majorate, des Anerbenrechts und der geschlossenen Bauerngüter wieder zu beleben sucht. Kurz: Der Physiokratismus ist nichts Anderes als extremer wirtschaftlicher Liberalismus, und zwar in einer Rücksichtslosigkeit, wie sie heute keine bürgerliche liberale Partei mehr mitmachen kann.

Die heute herrschende nationalökonomische Schule, die sich die „historische" oder diejenige der „nationalen sozialen Reform" nennt, stellt die natürliche Reaktion gegen die maßlosen Übertreibungen des physiokratischen liberalen Systems dar. Dieser Schule, die freilich mancherlei Schattierungen hat und die nur relative Lösungen ökonomischer und sozialer

Probleme auf dem Boden des historisch gewordenen nationalen Wohlfahrtsstaats verheißt, gehören heute fast alle nationalökonomischen Theoretiker an. Die Bismarckianische Wirtschaftspolitik der 80er Jahre, die vom extremen Freihandel sich abwandte, stand in engster Fühlung mit den führenden Nationalökonomen der historischen Schule. Dagegen hatte Bismarck die denkbar schwersten Widerstände der ostelbischen Großgrundbesitzer anfänglich zu überwinden, als er zum Agrarschutz und zum Industriezoll übergehen wollte. Gar manche derselben hochadligen Namen, die heute an der Spitze der konservativen Partei stehen, waren ursprünglich nicht einmal für einen Ein-Mark-Weizenzoll zu haben. Die frivole Aufhebung der Eisenzölle dankte man ihnen in erster Linie. Für die heute maßgebende nationalökonomische Schule sind Schutzzoll oder Freihandel überhaupt keine prinzipiellen Fragen, sondern Mittel der staatspolitischen und volkswirtschaftlichen Therapie, die man bald in größeren, bald in kleineren Dosen verabreichen muß. Aus den Kreisen der vielgenannten Kathedersozialisten stammt auch das köstliche Wort, womit die orthodoxe Freihandelstheorie so treffend verspottet wurde: „Daß die Wölfe nach Freiheit rufen, ist selbstverständlich; wenn es aber auch die Schafe tun, so beweisen sie eben nur, daß sie Schafe sind *).“

*) Das Wort stammt von dem Juristen Ihering. Weiteren Kreisen ist es dadurch bekannt geworden, daß es Schmoller in seiner berühmten Rede „Über den Übergang Deutschlands zum Schutzzollsystem“, die er auf der Generalversammlung des Vereins für Sozialpolitik am 21. April 1879 in Frankfurt a. M. hielt, zitierte. Es sind mir von verschiedener Seite Zweifel darüber ausgesprochen worden, ob ich Ihering zu den „Kathedersozialisten“ rechnen dürfe. Ich glaube, daß diese Bedenken nicht gerechtfertigt sind; denn Ihering stand sowohl als Rechtshistoriker wie als Rechtsphilosoph, namentlich in seinem „Zweck im Recht“ mit dort vertretenem „sozialen Utilitarismus“ der ethischen nationalökonomischen Schule von Gustav Cohn und dem Staatssozialismus von Adolph Wagner grundsätzlich nahe. Er hat sich auch für die Ideen Bismarcks bei dessen Übergang zur neudeutschen Wirtschafts- und Sozialpolitik, Ende der 70er und Anfangs der 80er Jahre, zustimmend aus-

Dieselbe historische Schule, die früher für den gemäßigten Protektionismus in Verbindung mit der Arbeiterschutzgesetzgebung plaidiert hat, wehrt sich jetzt allerdings mit Entschiedenheit gegen Übertreibungen agrarischer Forderungen, lehnt aber einen gemäßigten Agrarzoll, der mit dem Abschluß von Handelsverträgen vereinbar ist, nicht grundsätzlich ab. Gerade mit Rücksicht darauf, daß die historische Schule, so arbeiterfreundlich ihr Programm auch ist, nicht radikal-freihändlerisch sein kann, verdankt sie die Angriffe der Sozialdemokratie, die die ländliche Bevölkerung proletarisieren will, um sie sozialistisch zu machen. Die deutsche Nationalökonomie muß also nach zwei Fronten kämpfen, und zwar mit gleicher Schärfe. Sie bekämpft die destruktiven Bestrebungen der Sozialdemokratie und ihre Freihandelsargumente, deren Hervorkehrung übrigens bei den wissenschaftlichen Köpfen dieser Partei nur noch in recht verschämter Form vorkommt. Die deutsche nationalökonomische Schule bekämpft aber auch andererseits das einseitige Agrariertum und seine Handels- und Industriefeindlichkeit mit allen literarischen Waffen, die ihr zu Gebote stehen. Was sie handelspolitisch will, sind verständige, langfristige Handelsverträge, die Zollkriege mit ihren verheerenden Wirkungen vermeiden und langsam zu einer zollpolitischen Abrüstung der Welthandelsstaaten überleiten. Der jetzt durchgepeitschte Zolltarif mit seinen unrationellen Minimal- und Maximalsätzen und seinem „lückenlosen" Tarif erscheint ihr als Grundlage für solche völkerrechtliche Verträge, die endlich

gesprochen, und hat, wie unter Anderem sein bekannter Aufsatz über die „Geschichtlich gesellschaftlichen Grundlagen der Ethik" im Schmoller'schen Jahrbuche (1882), wo er nachzuweisen sucht, daß das Individuum nicht Prinzip- und Zwecksubjekt des Sittlichen sein könne, beweist, mannigfaltige Berührungspunkte mit der neuhistorischen Schmoller'schen Schule gefunden. Als Schüler Jherings habe ich stets den Eindruck gehabt, daß man den Rechtsphilosophen Jhering als einen derjenigen Juristen auffassen dürfe, der in seinen grundlegenden Anschauungen der führenden deutschen Nationalökonomie so nahe stehe, wie kaum ein Anderer.

das wirtschaftliche Leben wieder zur Ruhe kommen lassen sollen, als kaum geeignet, und deswegen sind die nationalökonomischen Lehrer an den deutschen Universitäten in ihrer überwiegenden Mehrheit keine Freunde des Zolltarifs gewesen. Die allernächste Zukunft wird lehren, wer Recht behält. Wahrscheinlich werden die Handelsverträge, die jetzt auf diplomatischem Weg vorbereitet werden sollen, ganz anders aussehen, als die Mehrheitsparteien des Reichstags, die zu früh triumphiert haben, sich träumen lassen. Dann kann der Tanz aufs Neue losgehen! Wir sind gespannt, ob dann zu dem „Bauernkrieg", mit dem Herr Köhler-Langsdorf kürzlich gedroht hat, mobil gemacht wird. Vielleicht flattern bald auf den Höhen des Vogelsbergs und der Wetterau die Fähnlein mit dem „Bundschuh", und Herr Köhler als der neue Götz von Berlichingen, Feldhauptmann seiner Getreuen, berät hoch zu Roß mit seinem bäuerlichen Kanzler und Generalstabschef Ruhland die ordre de bataille gegen die verruchte deutsche Bourgeoisie in Reich und Land.

III.

Dr. Ruhland's Antwort.

Die „Gießener Neuesten Nachrichten" in ihrer Nr. 32 vom 7. Februar 1903 veröffentlichten folgenden Brief mit eingeschlossenem Leitartikel:

Für die lex Köhler-Langsdorf.

Es gingen uns dazu folgender Brief und Bericht zu:

Berlin, den 4. Februar 1903.

Hochverehrter Herr Chefredakteur!

In der Anlage habe ich die Ehre, Ihnen im besonderen Auftrage des Herrn Abg. Köhler-Langsdorf das Manuskript für einen Artikel mit der Bitte zu überreichen, denselben baldtunlichst in Ihrer Zeitung erscheinen zu lassen.

Hochachtungsvollst

Dr. G. Ruhland.

Die Ausführungen in Nr. 23 dieses Blattes vom 28. v. M. gegen die lex Köhler-Langsdorf lassen sich sachlich in zwei Teile scheiden. Zunächst wird das formelle Recht der Parlamente bestritten, einen Einfluß auf die Besetzung der Professuren für Nationalökonomie auszuüben. Und dann wird nachzuweisen versucht, daß der vorgeschlagene Professor Ruhland doch eigentlich noch weniger Agrarier im Sinne der Partei Köhler-Langsdorf sei, als der derzeitige Professor Biermer-Gießen. Eine Entgegnung wird zweckmäßigerweise dieser Einteilung jetzt folgen.

Es ist eine alte Erfahrung, welche schon der berühmte Philosoph Locke mit aller Schärfe und allem Nachdruck behandelt hat, nämlich, daß jede Wissenschaft, welche ausschließlich den ordentlichen Professoren überlassen, als Bremszeug am Rade der Volksentwickelung zu wirken Gefahr läuft. Die Erklärung liegt nahe. Die Wahl der Nachfolge ausschließlich aus den Lieblingsschülern oder Verwandten der Professoren wirkt wie jede Inzucht. Es kommt kein neuer frischer Geist in die Wissenschaft, deren jüngere Vertreter tunlichst die Pfade der alten Meister zu betreten gehalten sind. Weil aber das Leben und seine Bedürfnisse fortwährend neue Anforderungen stellen, so kommt es bald zu einem immer tieferen unheilvollen Riß zwischen dem Bedürfnis der Praxis und den Anschauungen der Wissenschaft, welcher bekanntlich nur dadurch beseitigt werden kann, daß eine neue, dem Bedürfnis des Lebens besser angepaßte Richtung auf den Lehrstühlen der Wissenschaft eingeführt wird. In solchen Zeiten gehört es zu den heiligsten Pflichten der Volksvertretung, sich um die tunlichst baldige Einführung der neuen Wissenschaft zu kümmern. Denn, die Universitäten sind nicht der Professoren wegen da, sondern des Volkes wegen, um den Söhnen des Volkes eine möglichst umfassende Bildung zu bieten. Niemand wird aber bestreiten wollen, daß die Studenten dann am besten für ihre Arbeit im Dienst des Vaterlandes vorbereitet werden, wenn sie nicht immer nur die eine Richtung, sondern möglichst verschiedene Richtungen hören, um aus allem dann das Beste behalten zu können.

Nun hat nach der Berliner „Konservativen Korrespondenz“ vom 9. Febr. 1899 gerade die „Frankfurter Zeitung“ — also in diesem Falle ein unverdächtiger Zeuge — gelegentlich der bekannten Angriffe des Frhrn. von Stumm gegen die Katheder-sozialisten ohne Vorbehalt bestätigt, daß Professor Schmoller in Berlin bei der Erledigung von Professuren für National-ökonomie in ausschlaggebender Weise die Berufung der Nachfolger beeinflusse. Es sei ein offenkundiges Geheimnis, daß gelegentlich der jährlichen Versammlungen des Vereins für

Sozialpolitik, dem fast alle deutschen Professoren für Nationalökonomie angehören, die Kandidaten für die zu erwartenden Vakanzen im Voraus bestimmt werden, sodaß Jeder weiß, wer eintretenden Falles an die Reihe kommt. In ausdrücklicher Bezugnahme auf diesen unhaltbaren einseitigen Zustand hat damals der preußische Kultusminister mehrere Professoren für Nationalökonomie auf preußische Universitäten berufen, welche gegenüber dem herrschenden Kathedersozialismus den Interessenstandpunkt der großen industriellen Unternehmer vertreten. Um endlich auch der agrarischen Richtung zu ihrem Rechte zu verhelfen, hat dann Frhr. von Wangenheim am 6. März 1901 im Preußischen Abgeordnetenhause eine Interpellation über die Besetzung der Lehrstühle für Nationalökonomie eingebracht, worauf der Ministerialdirektor im preußischen Kultusministerium Dr. Althoff sofort geantwortet hat, daß auch diesem Wunsche gegenüber die Staatsregierung nach dem Grundsatz handeln werde, die Lehrstühle an den Universitäten den verschiedenen Richtungen in der Wissenschaft zu geben. Das Mitwirkungsrecht der Volksvertretung bei der Besetzung von Professuren für Nationalökonomie ist also von dem größten deutschen Bundesstaate sowohl für Vertreter der großindustriellen wie der agrarischen Richtung ausdrücklich anerkannt worden. Sollte die Ausübung des gleichen Rechtes in Sachen der Universität Gießen nun ganz unzulässig sein?

Aber — und das ist der eigentliche Inhalt des zweiten Teiles der eben zitierten gegnerischen Ausführungen — wozu die Kandidatur des Prof. Ruhland durch die Partei des Köhler-Langsdorf unterstützen, wenn Prof. Biermer der bessere Schutzzöllner ist? Die Antwort darauf ist leicht zu finden.

Zunächst giebt der gleiche Artikel zu, daß Schutzzoll oder Freihandel heute keine wissenschaftlichen Prinzipienfragen mehr sind. Der Reichskanzler Fürst Bismarck hat im öffentlichen Parlament erklärt: „Ich weiß sehr wohl, daß mit Schutzzöllen allein der deutsche Bauer nicht erhalten wird, aber ich habe bis jetzt noch Niemand gefunden, der mir bessere Mittel hätte vorschlagen können." Schutzzölle sind nur ein Notverband, um weitere Verblutungen am nationalen Wohlstand zu verhüten, — kein Heilmittel. Wie kommt also der Verfasser jenes Artikels dazu, die prinzipiellen Unterschiede zwischen Ruhland und Biermer an der gar nicht prinzipiellen Zollfrage messen zu wollen? Warum zitiert dieser Artikel so eingehend aus dem Ruhland'schen „Leitfaden", der schon im Jahre 1893*) geschrieben wurde, und nichts aus dem jetzt, fast 10 Jahre später, erschienenen Ruhland'schen „System der politischen Oekonomie?" Und wie kann der betr. Verfasser es vereinbaren, Ruhland einmal als einen Mann zu bezeichnen, der kurzer Hand die Anschauungen des Bundes der Landwirte vertrete, und dann solche Zitate aus seinem „Leitfaden" anführen?

Nein! Der prinzipielle Unterschied zwischen der neuen Richtung, welche die lex Köhler-Langsdorf für die Universität Gießen anstrebt und der alten Richtung, wie sie durch Prof. Biermer vertreten wird, reicht viel tiefer und wäre kurz etwa wie folgt zu bezeichnen:

Wie der betr. Artikel selbst sagt, verheißt heute die an deutschen Universitäten herrschende Richtung der Nationalökonomie „nur relative Lösungen ökonomischer und sozialer Probleme auf dem Boden des historisch Gewordenen". Um Gottes Willen keine einschneidenden Reformen, nur „kleine" Mittel stehen zur Verfügung. Mehr als „lindern" kann man die ökonomischen Mißstände nicht. Die größten kapitalistischen Mißstände dürfen zwar etwas „beschnitten" werden, aber als historisch Gewordenes muß der Kapitalismus selbstverständlich erhalten bleiben. Es wäre ganz schön, wenn man den Bauern-

*) Im Original des Ruhland'schen Aufsatzes, das ich mir von der Redaktion der „G. N. N." zur Einsicht erbeten habe, steht auffallender Weise 1893, in der Zeitung in Folge eines Druckfehlers 1892. Meine Zahl, die ich in dem Aufsatze vom 28. Januar d. Js. anführte — 1894 —, ist die einzig richtige. Das Vorwort seines Leitfadens hat Ruhland mit „München im April 1894" datiert; auf dem Titelblatt steht ebenfalls 1894.
Br.

stand und Mittelstand erhalten könnte, aber die vorgeschlagenen Mittel stehen im Widerspruch mit dem ebenfalls historisch gewordenen Exporthandel und der Exportindustrie und auch mit der heute herrschenden sog. Arbeiterpolitik. Man möchte wohl, aber es geht nicht. Und so bleibt denn in der Hauptsache Alles bei der bisherigen Entwickelungstendenz. Die sozialen Mißstände sind längst chronisch geworden. Die unheilvollen volkswirtschaftlichen Verschiebungen schreiten unaufgehalten weiter. Das ist die naturgemäße Folge einer überwiegend historischen unpraktischen Richtung in der Nationalökonomie, von der Roscher ganz mit Recht gesagt hat: „Sie beschäftigt sich mit dem, was ist und gewesen ist, aber nicht mit dem, was sein soll". Das Wesen einer groß angelegten, von neuen wissenschaftlichen Ideen getragenen praktischen Politik ist dieser heute herrschenden Nationalökonomie ganz und gar verschlossen geblieben. Man hat sich in Tausende von historischen Spezialuntersuchungen verlaufen, man betrachtet die Hunderte von Symptomen der einen tieferen Erkrankung des sozialen Körpers alle als selbständige Krankheiten, für welche man — ohne jeden Ueberblick über das Ganze — viele Hunderte von kleinen Rezepten verschreibt, und schimpft dann über „irre geleitete Masseninstinkte" und „Eingriffe in die Freiheit der Wissenschaft", wenn das Volk bei einer solchen Mitwirkung der Nationalökonomie als Wissenschaft die Geduld verliert und immer energischer eine neue wissenschaftliche Richtung fordert, welche die wirklichen Bedürfnisse des Volkes besser kennt und versteht.

Gegenüber dieser, an den deutschen Universitäten herrschenden Auffassung, welche die Nationalökonomie als „die Lehre von den wirtschaftlichen Erscheinungen" betrachtet, vertritt Prof. Ruhland in seinem jüngst erschienenen „System der politischen Ökonomie" die Anschauung, daß „die Nationalökonomie die Lehre sei vom gesunden und kranken Volkskörper". Um nun bei dem heutigen Widerstreit der Meinungen nach wissenschaftlicher Methode zu einem zuverlässigeren Urteil zu gelangen, untersucht Ruhland die Entwickelungsgeschichte von 13 Völkern, welche waren, groß geworden sind und dann zu Grunde gingen. An diesen Leichen auf dem Seziertisch der Geschichte sollen die wissenschaftlichen Studien gemacht werden, welche Aufschluß darüber geben: an welcher eigentlichen Krankheit die Völker zu Grunde gehen? welche Symptome diesen Erkrankungs- und Absterbeprozeß der Völker begleiten? welche eigentlichen Ursachen dieser Krankheit zu Grunde liegen? und mit welchen Mitteln allein ein von dieser Krankheit befallener Volkskörper geheilt werden könne? Hier handelt es sich nicht um „relative Lösungen" der ökonomischen Probleme, hier handelt es sich endlich einmal um eine durchgreifende Heilung von innen heraus, die viel zu ausschließlich vom Ganzen des Volkskörpers ausgeht, als daß sie als einseitige Interessenpolitik bemängelt werden könnte. Und das ist der Punkt, wo die Ruhland'schen Ausführungen mit Quesnay zusammentreffen. Denn auch Quesnay ist von der prinzipiellen Frage ausgegangen: „Wie muß die wirtschaftspolitische Ordnung eines Volkes beschaffen sein, um ein Volk auf gutem Boden unter günstigen klimatischen Verhältnissen vor Not zu bewahren?" Er hat darüber gewiß Vieles geschrieben, das uns heute unverständlich klingt. Andere Zeiten, andere Verhältnisse, andere Ideen. Er hat aber auch sehr Vieles von dauerndem Werte geschrieben, was dem Verfasser des betr. Artikels über die lex Köhler-Langsdorf schon deshalb unbekannt geblieben ist, weil er nicht einmal weiß, daß neben Ruhland und sogar schon früher als dieser auch Prof. August Oncken in Bern und selbst noch andere Gelehrte auf diese dauernd richtigen Sätze der Quesnay'schen Auffassung zurückgegriffen haben bezw. zurückgreifen. Wenn man aber über diese neue Richtung so wenig orientiert ist, dann sollte man es vermeiden, durch lange Artikel über dieses Thema auf die öffentliche Meinung einwirken zu wollen.

Der Artikel gegen die lex Köhler-Langsdorf bringt in schwer ersichtlichem Zusammenhange das Citat: „Daß die

Wölfe nach Freiheit rufen, ist selbstverständlich; wenn es aber auch die Schafe tun, so beweisen sie eben nur, daß sie Schafe sind". Wir möchten sagen: Wenn der selbständige deutsche Mittelstand in Stadt und Land vom modernen Kapitalismus vernichtet zu werden droht, und in einem solchen Falle nur mit „relativen" Lösungen vorgegangen werden soll, so beweist man eben damit nur, daß man in den einfachsten Prinzipien nicht mehr Bescheid weiß. Die lex Köhler-Langsdorf sieht ihre Aufgabe darin, nach der Landesuniversität Gießen eine Richtung der Nationalökonomie zu verpflanzen, welche sich über solche prinzipiellen Fragen im Klaren ist.

IV.

Herr „Kollege“ Dr. Ruhland.

In meinem Artikel vom 28. Januar d. J. habe ich ausdrücklich erklärt, daß ich mich mit der Person des Herrn Professor Ruhland nicht beschäftigen wolle, sondern nur mit seiner Stellung als nationalökonomischem Autor in seinem Verhältnis zum Programme des Bundes der Landwirte. Ich konnte es also damals vermeiden, Herrn Professor Ruhland als politischen und wissenschaftlichen Charakter etwas näher zu beleuchten. Ich legte mir diese Reserve um so unbedenklicher auf, weil ich natürlich kein Freund von persönlichen Auseinandersetzungen solcher Art bin. Material für eine intimere Polemik hatte ich freilich schon damals mehr als genug; denn Herr Ruhland ist in der wissenschaftlichen Welt längst hinreichend bekannt, und auch die Tagespresse hat sich mit ihm, ebenso wie angesehene Vertreter unseres Fachs, mehr beschäftigen müssen, als ihm und ihnen lieb sein wird.

In dem jetzigen Stadium der Angelegenheit sehe ich mich indessen genötigt, die ursprünglich mir auferlegte Zurückhaltung aufzugeben und auch nach der persönlichen Seite hin etwas deutlicher zu werden, zumal, da dieser Herr die Stirn gehabt hat, in eigener Sache, die doch jämmerlich schwach steht, zu plädieren. Freilich eignet sich nicht Alles, was ich authentisch über Herrn Ruhland weiß, für die breite Öffentlichkeit; denn man soll nur im alleräußersten Notfalle die sittlichen Qualifikationen des Gegners, über die mir recht belastende Mitteilungen geworden sind, in das Bereich der Auseinandersetzungen, die ich nicht gesucht habe, die mir vielmehr in übermütigster Weise aufgedrängt worden sind, ziehen.

Ich beschränke mich für heute auf einige wenige Feststellungen, lasse also alles Andere, was ebenfalls in hohem Grade lehrreich wäre, aber nicht unmittelbar zur Sache gehört, weg. —

Folgende Punkte, glaube ich, verdienen in meiner Replik besonders hervorgehoben zu werden.

Wer den Ruhland'schen Aufsatz mit Aufmerksamkeit liest und sich der Mühe unterzieht, seinen Inhalt und seine Formulierung mit dem Antrag des Herrn Abgeordneten Köhler-Langsdorf, der als Drucksache Nr. 74 der Zweiten hessischen Kammer vorliegt und das hessische Parlament voraussichtlich in der nächsten Woche beschäftigen wird, genauer zu vergleichen, bei dem kann kaum noch ein Zweifel darüber obwalten, daß nicht Herr Köhler-Langsdorf, sondern Herr Professor Dr. Ruhland den Antrag Köhler-Langsdorf veranlaßt oder mindestens inspiriert hat. Herr Köhler hat nur seinen gewichtigen Namen dazu hergegeben und außerdem noch eine Anzahl von Verballhornungen angebracht; der eigentliche spiritus rector der ganzen widerlichen Reklame ist Herr Professor Dr. Ruhland selbst. Wahrscheinlich werden beide Herren den traurigen Mut haben, dies nachträglich abzustreiten. Es wird voraussichtlich wieder eine der bekannten „Berichtigungen" auf Grund des Allerweltsparagraphen elf des Preßgesetzes eingesandt werden. Darauf bin ich gefaßt. Ich bemerke aber schon jetzt, daß keine Berichtigung der Welt mich von meiner festen und heiligen Überzeugung abbringen wird, daß wir es mit einer Firma Ruhland, Köhler-Langsdorf & Co., Gesellschaft mit beschränkter Haftung für akademische Stellenvermittelung, zu tun haben, die mit dem lehrstuhllüsternen Musternationalökonomen Ruhland in der antisemitischen Presse und in der Zweiten Kammer der Landstände in aufdringlichster Weise hausieren geht.

Dieser Vorgang ist ungemein charakteristisch. Unter dem Vorwande, für die Parität wissenschaftlicher Richtungen an den Universitäten grundsätzlich eintreten zu wollen, inszeniert man einen Konkursausverkauf, in dem man einen agrarpolitischen Publizisten, den man schon zu lange auf Lager hat, den aber keine andere Reichsuniversität wegen seiner notorischen Gesinnungs- und Charakterlosigkeit auch nur zur Habilitation als Privatdozenten zulassen würde, dem hessischen Staate als Ordinarius „50 Prozent unter dem Selbstkostenpreis“ offeriert. Wenn sich ein Nationalökonom, überhaupt ein Gelehrter, zu einem solchen verwegenen Manöver hergiebt, so richtet er sich in den Augen aller anständig denkenden Menschen ganz von selbst. Es muß wahrhaftig mit Herrn Ruhland weit gekommen sein, wenn er sich auf solche Schleichwege begeben muß und keinen ernsteren Politiker für die Vertretung seiner Privatwünsche findet, als den sattsam bekannten Abgeordneten Herrn Köhler-Langsdorf, von dem man, wie bei Kleists Dorfrichter Adam, sagen darf, daß bei ihm „Wissenschaft und Irrtum geknetet, innig wie ein fester Teig zusammen“ seien. Ich halte heutzutage Alles für möglich, besonders bei den sog. „Volksvertretungen“. Aber dasjenige Parlament möchte ich denn doch sehen, das auf einen Vorstoß von so täppischer und dreister Art hereinfällt. —

Ich habe schon früher festgestellt, daß der Gedanke, Professor Ruhland auf einen Lehrstuhl der Landesuniversität zu lanzieren, nicht nur in dem Wunsche gipfelt, eine einseitige Interessentengruppe intransigenter Art mit einer Professur, die politisch im verwegensten Sinne des Wortes ist, zu bedenken, sondern daß der Antrag Köhler-Langsdorf zugestutzt ist auf einen ganz bestimmten Kandidaten, für den sich jede andere Universität höflichst bedanken würde. Angesichts dieser Tatsache wagt es Herr Ruhland, den Herrn Professor Schmoller, der angeblich in einseitiger Weise bei der Neubesetzung nationalökonomischer Lehrstühle für seine Schüler eintritt, auf eine Stufe mit Herrn Köhler-Langsdorf zu stellen. Die historische Schule Schmoller'scher Observanz, der die deutsche Wissenschaft die hervorragendsten Leistungen auf Wirtschafts- und kulturhistorischem Gebiete verdankt, wird also hier in einem Atemzuge als gleichwertig und gleichberechtigt mit dem Bureau des Bundes der Landwirte und dem Hauptquartier der hessischen Antisemiten genannt.

Ich leugne nicht, daß es bei der Besetzung der Lehrstühle an den Universitäten nicht immer so zugeht, wie man es billigermaßen wünschen dürfte. Indessen liegt es in der Natur jeder Disziplin, daß bahnbrechende Gelehrte, die Schule machen, einen größeren Einfluß nach Methode und Richtung beanspruchen und auch beanspruchen können, als solche, die als Einspänner durch das Leben gehen und es nicht verstehen oder die Mühe scheuen, für einen talentvollen Nachwuchs zu sorgen. Darunter leiden unter Umständen andere Richtungen. Das will ich gern zugeben; denn ich habe es am eigenen Leibe erfahren. Ich persönlich gehöre der Schmoller'schen Richtung weder nach der Methode noch nach ihrer grundsätzlichen Stellung zu vielen wirtschaftspolitischen Problemen der Gegenwart an, und, wie ich positiv weiß, verdanke ich keinen der Lehrstühle, die ich bisher innegehabt habe, einer Empfehlung Schmollers, obgleich er neben Anderen auch mein Lehrer war, dem ich vielen Dank schulde. Ähnlich verhält sich die Sache bei meinem Herrn Kollegen Liefmann, der nirgends als „Schmollerianer" gilt, sondern durchaus seine eigenen wissenschaftlichen Wege wandelt, dem politischen Leben des Tages gänzlich abgekehrt, nur der ernsten und scharfsinnigen Feststellung wirtschaftsorganisatorischer Phänomene lebt und in dieser Hinsicht bereits Treffliches geleistet hat. —

Es ist richtig, was die „Frankfurter Zeitung" seiner Zeit hervorgehoben hat, daß im „Verein für Sozialpolitik" alle maßgebenden deutschen Lehrer der Staatswissenschaften sich zusammenfinden. Der „Verein für Sozialpolitik" ist eben der einzige volkswirtschaftliche Kongreß, den wir in Ländern deutscher Zunge besitzen. Nicht richtig aber ist, daß alle Mitglieder dieses Vereines an einem Strange ziehen. Im Gegenteil bestehen dort, wie ich schon früher hervorgehoben habe, die allerverschiedensten Richtungen und Schattierungen, die gelegentlich zu den lebhaftesten Auseinandersetzungen geführt haben. Ich nenne nur die Namen Schmoller und Wagner, Conrad und Sering, Brentano und Gustav Cohn; fast jeder dieser Gelehrten bedeutet ein anderes Programm bezw. eine andere Lehrmeinung. Nur in einem Punkte ist glücklicher Weise das nationalökonomische Gelehrtentum auf den deutschen Hochschulen einig geblieben: nämlich in dem Punkte, daß wir grundsätzlich es weit von der Hand weisen, einseitige wirtschaftliche und sozialpolitische Interessen, die wir mit der Gesamtwohlfahrt der Nation für unvereinbar halten, zu vertreten. Ein nationalökonomischer Lehrer, der das tut, schändet sich und seine Wissenschaft und hat keinen Anspruch, einen Lehrstuhl einzunehmen, von dem aus er künftige Staatsbeamte und Staatsbürger ausbilden soll. Zu diesen Pseudogelehrten gehört aber nach übereinstimmendem Urteil wohl der meisten meiner Fachkollegen der vielschreibende Herr Professor Ruhland, ganz abgesehen von seinen moralischen Qualifikationen, über die ich mich aber nicht näher auslassen kann, die aber allein hinreichten, ihn als akademischen Lehrer an einer deutschen Universität dem gesellschaftlichen Boykott ausgesetzt zu haben.

Wenn ich eben zugegeben habe, daß das Berufungswesen an den deutschen Universitäten hier und da auch unzweifelhafte Schattenseiten aufweist, wie eben jede menschliche Institution, so spricht doch das hohe Ansehen, das die deutschen Universitäten sich in der ganzen Kulturwelt errungen haben, direkt gegen die maßlose Kritik, die gelegentlich von solchen Leuten an unserer Universitätsorganisation geübt wird, die entweder nichts von der Sache verstehen oder die aus guten Gründen in der Hochschulkarriere nicht vorwärtsgekommen sind und nur aus diesem Grunde die Institution verdächtigen und in den Schmutz zu ziehen suchen. Zugelassen in den Lehrplan dürfen nur wissenschaftliche Richtungen werden. Hier ist freilich eine unbefangene Weitherzigkeit sehr wohl am Platze. Wissenschaftlich ist aber die Richtung Ruhlands und Köhlers nie und nimmermehr: denn sie verkennt die gesamte volkswirtschaftliche Entwickelung der Nation. Was sie sagen, ist skurril oder ganz utopistisch; sie sind klassenbefangen, Hetzer und, was Ruhland anbetrifft, ist es mehr als zweifelhaft, ob er an das glaubt, was er schreibt. Denn dazu ist er viel zu gescheit.

Selbst wenn man aber annehmen wollte, daß Herr Professor Ruhland wirklich in natürlicher Entwickelung seiner Anschauungen aus einem Saulus ein Paulus geworden ist — der Quadratantisemit Herr Köhler möge diesen judenchristlichen Vergleich entschuldigen — so beweist gerade seine Entwickelung vom entschlossenen Gegner der Agrarzölle, welchen Standpunkt er zehn Jahre lang mit Eifer vertreten hat, zum besoldeten Experten des Bundes der Landwirte, ebenso wie sein Eintritt als Protestant in die Dominikanerlehranstalt zu Freiburg in der Schweiz, daß die wissenschaftlichen und politischen Richtungen, die man auf der Universität gelehrt haben will, in verhältnismäßig kurzer Zeit ihrer ursprünglichen Vertretung sehr bald wieder verlustig gehen können. Soll man dann in einem solchen Fall gegen einen Dozenten, der seine Ansichten geändert hat und in ein anderes Lager übergelaufen ist, etwa disziplinarisch vorgehen, oder muß etwa dann schon wieder eine neue „Strafprofessur" gefordert werden?!

Ich bin weit davon entfernt, von einem Gelehrten zu verlangen, daß er prinzipienstarr an seinen ursprünglichen Überzeugungen festhält. Wir alle haben größere oder geringere Wandlungen durchgemacht und werden sie auch in Zukunft durchmachen müssen. Wer sich ernstlich selbst prüft, wird das niemals bestreiten können. „Es irrt der Mensch, so lang er strebt." Aber die Wandlungen, die Herr Ruhland in ganz unvermittelter Art erlebt hat und die literarisch für Jeden sichtbar feststehen, gehen denn doch über das Maß des Erlaubten himmelweit hinaus. Heute ist Herr Ruhland Bauernfreund, radikaler Agrarschutzzöllner und Angestellter des Bundes der Landwirte. Dieser „Bauernfreund" hat sich anfangs der neunziger Jahre von einem Großindustriellen der Provinz Sachsen, der, wie Herr Ruhland sich so schön ausdrückt, „in der reinen, frischen Alpenluft seine überarbeiteten Nerven wieder gestählt hat“ und sich eines Tages entschloß, zum Danke dafür seine überschüssigen Kapitalien „dort großen wirtschaftlichen Zwecken zu widmen“, als Generaldirektor engagieren lassen. Was waren denn die großen wirtschaftlichen Zwecke, in deren Dienste sich Herr Ruhland bereitwilligst stellte? Man höre und staune! Man schlachtete mit einem Kapitale von zwei Millionen Gulden in einem friedlichen Pinzgauer Alptale 41 Bauerngehöfte aus, legte sie zusammen und schuf für den Großindustriellen, der den Ehrgeiz hatte, auch Großgrundbesitzer zu sein, einen arrondierten landwirtschaftlichen Großgrundbesitz, ein Latifundium im Salzburgischen. Dieses „saubere“ Geschäft, das, nebenbei bemerkt, Ruhlands Brotherrn finanziell schwer geschädigt hat, beschrieb dann der Güterschlächter Ruhland selbst in allen Details in einer der angesehensten deutschen landwirtschaftlichen Zeitschriften*). Besonders interessant ist hierbei die Tatsache, daß Herr Ruhland durch eine nicht mißzuverstehende Äußerung den Eindruck zu erwecken versuchte, daß er erst nach dem Zusammenkauf der Bauerngüter aktiv als Güterdirektor tätig geworden sei. Eine Seite weiter verrät er, daß mit den Güterankäufen im Frühjahr 1890 begonnen worden ist. Als dann Herr Ruhland in der „Wiener Landwirtschaftlichen Zeitung“ aus verschiedenen Gründen von autoritativer Seite auf das Schärfste angegriffen wurde und er sich verteidigen mußte, vergaloppierte er sich, indem er von seiner dreijährigen Tätigkeit an der Spitze der genannten Güterverwaltung erzählte. Ergo hat Herr Ruhland, der 1893 aus seinem Dienstverhältnis entlassen worden ist, weil er alle seine Bücherauszüge ohne Wissen und Willen seines Prinzipals veröffentlicht hatte, wahrscheinlich das ganze

*) Thiel's Landwirtschaftliche Jahrbücher, Band 22. Berlin 1893. S. 517–567.

Bauernausschlachtgeschäft von Anfang bis zu Ende geleitet, hat also in seinem ersten Aufsatze gelogen. Weiterhin interessant ist die Tatsache, daß sich Herr Ruhland von landwirtschaftlichen Autoritäten sagen lassen mußte, daß er von der Landwirtschaft nichts verstände. („Wiener Landwirtschaftliche Zeitung", Jahrgang 1893, Nr. 81 und 83.) Jedenfalls ist dieser Herr „Güterdirektor Dr. Ruhland" damals ein netter „Bauernfreund" und „Mittelstandspolitiker" gewesen.

Derselbe Herr Ruhland sprach dann, wie uns von glaubwürdigster Seite versichert worden ist, auf der Redaktion der „Frankfurter Zeitung" vor, um die maßgebenden, leitenden Personen dieses Blattes für die Gründung einer „Antiagrarischen Liga" zu gewinnen. Sie sollte ihren Sitz in Ulm bekommen, also in Württemberg, wo die süddeutsche Demokratie ihren festesten Sitz hat, und Herr Ruhland selbst wollte Direktor dieser Liga werden. Man hat ihn natürlich, da dieser Ruhland'sche Plan denn doch gar zu verdächtig erschien, aus dem Frankfurter Redaktionsbureau gebührend hinauskomplimentiert.

Noch 1894 verleugnet Ruhland in seinem „Leitfaden zur Einführung in das Studium der Agrarpolitik" das gesamte wirtschaftspolitische Programm seiner jetzigen Brotgeber. Ich habe ja einen besonders bezeichnenden Passus in meinem Aufsatze vom 28. Januar wörtlich abdrucken lassen. Dort stellt er den Getreidezoll im Hinblick auf die Preissteigerung der Grundstücke als eine Maßregel hin, die absurd sei. Ein Jahr später (1895) erscheint sein wundersames Werk „Die Wirtschaftspolitik des Vaterunsers". In dieser Schrift ist Herr Ruhland plötzlich positiver Christ geworden. Unter Heranziehung von Gregor von Nyssa, Augustin, Albertus Magnus, Thomas von Aquin u. a. wird ein neues wirtschaftspolitisches System, das seine Hauptsätze aus dem Borne der evangelischen Wahrheiten schöpft und auf der vierten Bitte des Vaterunsers „Unser tägliches Brot gieb uns heute" in pietistisch-phantastischer Formulierung aufgebaut ist, entwickelt. Ich kenne in der nationalökonomischen Literatur kaum etwas Unklareres und Phrasenhafteres, als diese „Wirtschaftspolitik des Vaterunsers". Das Ganze hört sich wie eine langatmige staatswirtschaftliche Bierrede an, oder wenn diese Bezeichnung zu burschikos klingen sollte, wie eine geistliche Burleske à la Abraham a Santa Clara. Gegen diesen plötzlich bigott gewordenen Ruhland mit seinen wahnwitzigen Faseleien sind selbst die älteren französischen Sozialisten als Weltverbesserer im unversöhnlichsten Stile die reinen „Waisenknaben". Vielleicht wollte aber der „Pinzgauer" Güterverkuppler nur Buße tun und „wallfahren" gehen. „Sie täten gern singen" — so heißt es bekanntlich in dem hübschen Volksliede von den Pinzgauern — „und kunnten's nit gar schön". Gar bald hat aber der Herr Ruhland mit seiner funkelnagelneuen Frömmigkeit den Wallfahrtsgesang wieder satt bekommen und ist wieder ganz realpolitisch geworden. Seine agrarischen Ketzereien und sonstigen Sünden waren ihm offenbar inzwischen vergeben worden. Der Freihändler, der Goldwährungsmann und Güterzertrümmerer fiel jetzt wie ein überreifer, fauler Apfel in den Schoß des Bundes der Landwirte. Er war damals noch der verkannte Privatdozent an der Universität Zürich und veröffentlichte in demselben Jahre, 1895, eine zweite Schrift mit dem Titel: „Die internationale Notlage der Landwirtschaft". Hier schwärmt er für eine internationale Währungsordnung, bekämpft die Valutaschwankungen, denen er noch ein Jahr vorher, was die Exportprämientendenz anbetrifft, einen schädigenden Einfluß durchaus absprach (vergl. seinen Artikel in der „Frankfurter Zeitung" vom 5. Februar 1894, für die damals Ruhland gelegentlich noch schrieb) *) und bezeichnet den famosen Antrag Kanitz „als eine unerläßliche Forderung seines Agrarprogramms". Ein Jahr vorher hatte er die Erhöhung der Getreidepreise im Wege des Protektionismus als total verkehrt erklärt, weil hohe Getreidepreise und eine steigende

*) Vergl. meine „Leitsätze zur Beurteilung der Währungsfrage", Berlin 1896, S. 228.

Grundrente durch die erhöhten Grundstückspreise wieder wettgemacht würden. Jetzt proklamierte er die Erhöhung der Getreidepreise als das einzige Abhilfsmittel, wenn nicht „die deutschen Bauern in Massen zu Grunde gehen sollten".

Der frühere Bauernausschlächter ist plötzlich bäuerlicher Mittelstandspolitiker geworden, und der abenteuerliche Projektenmacher, der für eine „Antiagrarische Liga" keilte und das führende demokratische Blatt für diesen Plan zu stimmen suchte, derselbe Mann, der nachweislich später noch einmal einem Münchener sozialdemokratischen Organe seine Mitarbeiterschaft — freilich erfolglos — angeboten hatte, hat sich jetzt soweit gemausert, daß seine neue Schrift von 1895 den Kopftitel tragen kann: „Herausgegeben auf Veranlassung des Bundes der Landwirte".

Herr Ruhland hat jedenfalls damit seinen nächsten Zweck erreicht. Er wurde nach Freiburg in der Schweiz, nachdem der Exodus deutscher katholischer Gelehrten aus der Dominikanerlehranstalt sich vollzogen hatte, als erster Protestant an diese stiftungsmäßig katholische Hochschule, von der selbst die große Mehrheit der deutschen Katholiken nichts mehr wissen wollte, weil sie sich als eine Brutstätte polnisch-französischer Verhetzung gegen das Deutsche Reich herausgestellt hatte, berufen. Man sieht, Herr Ruhland ist nicht nur Bauernfreund und Mittelstandspolitiker, nicht nur Währungsreformer und Agrarzöllner, sondern er ist auch ein „deutscher Patriot" von ganz besonderem Kaliber geworden. Der „Bund der Landwirte" ist kritiklos genug gewesen, dieses wissenschaftliche Chamäleon, dessen Farben bald in rot, bald in schwarz und bald in grün — ganz nach Bedarf — schillerten, an die Spitze eines der von ihm unterhaltenen Büreaus zu berufen, und in dem ganzen antisemitisch-bündlerischen Lager wird Herr Ruhland seither als die erste Leuchte der nationalökonomischen Wissenschaft verehrt, gefeiert und allen Universitäten mit allen erlaubten und unerlaubten Mitteln als der einzig wahre Jakob hingestellt. Ich möchte die unglücklichen zukünftigen Verwaltungsbeamten und Richter, die aus der Schule eines Lehrers, wie es Ruhland sein würde, hervorgegangen sind, in ihrer Amtstätigkeit nicht kennen lernen; denn was hätten sie an positivem Wissen aus der Universitätszeit in die Praxis mitgebracht? Nichts, als eine souveräne Verachtung für die nationalökonomische Geistestätigkeit eines ganzen Jahrhunderts, nicht die Spur von sozialpolitischem Empfinden für die große Masse der arbeitenden Klassen, keinerlei Verständnis für die weltwirtschaftlichen Tatsachen der internationalen Arbeitsteilung, wohl aber einen leidenschaftlichen Haß gegen Handel, Verkehr und Industrie, von denen heute mehr als die Hälfte der deutschen erwerbstätigen Bevölkerung lebt. Wenn es Ruhland verstände, wirklich seinen bedauernswerten Schülern das jurare in verba magistri einzubläuen, so bekämen wir ein verkommenes Beamtentum, das weltfremd, verträumt und in einseitigster Klassenempfindung befangen den modernen Aufgaben der Staatsverwaltung impotent gegenüber dastände, sich und dem Vaterlande zur Last! —

Das muß wohl selbst der allmächtige preußische Chef des Universitätswesens, Herr Ministerialdirektor Dr. Althoff, den Herr Ruhland als Streitgenossen gegen den „Universitätsklüngel" aufruft, eingesehen haben. An Einfluß und Rücksichtslosigkeit des Willens fehlt es diesem Manne, sobald er einen wirklichen oder angeblichen Reformplan erst fest ins Auge gefaßt hat, gewiß nicht. Das hat er oft genug bewiesen. Wenn er sich aber trotzdem scheut, einen Kandidaten, hinter dem so große und mächtige Interessengruppen stehen, mit einer Dozentenstelle zu versehen, so beweist das für mich, daß Herr Althoff allzu frivolen Zumutungen gelegentlich auch ein energisches Veto entgegenzusetzen vermag. In Preußen ist also für Herrn Ruhland kein Platz, und deswegen ist wahrscheinlich der Feldzug nach Hessen verlegt worden, und die braven hessischen Bauernbündler, die noch kürzlich in vollständiger Verdrehung des Tatbestandes von einer Verhetzung der Städtebevölkerung gegen den Bauernstand sprechen zu dürfen glaubten, werden, bevor es zu spät ist, schleunigst mobil gemacht. —

Wenn man meinen Aufsatz und denjenigen des Herrn Dr. Ruhland mit einander vergleicht, so fällt ohne Weiteres in die Augen, daß Herr Ruhland Alles geradezu ängstlich vermeidet, um auf meine sachlichen Einwendungen gegen seine m. Er. gänzlich verkehrte Auffassung der physiokratischen Lehre, wie sie Herr Köhler-Langsdorf in seinem Unverstand weitergebetet hat, einzugehen. Er gibt zwar zu, daß Quesnay Manches geschrieben hat, „was uns heute unverständlich klingt". Darum handelt es sich aber gar nicht. Nein, die physiokratische Lehre ist niemals agrarisch in dem behaupteten Sinne gewesen, sie war auf total andere Verhältnisse zugeschnitten, nämlich auf den Agrarexportstaat, und geht von ganz anderen Voraussetzungen aus, wie wir sie heute haben — kurz, sie ist nach jeder Richtung hin veraltet und hat heute höchstens dogmengeschichtlichen Wert. Ich habe deswegen bis zur Stunde auch angenommen, daß Herr Professor Oncken-Bern, dessen Lebenswerk der Darstellung des Physiokratismus gewidmet war, die ausführliche Behandlung Quesnays nur aus literarhistorischem Interesse unternommen habe. Herr Professor Ruhland irrt gewaltig, wenn er behauptet, daß ich die Oncken'schen Arbeiten gar nicht kenne. Sowohl Onckens Aufsatz in dem „Handwörterbuch der Staatswissenschaften" über Quesnay, wie der vor Jahresfrist erschienene erste Band seiner „Geschichte der Nationalökonomie" lagen mir vor, als ich den ersten Abwehrartikel gegen die lex Köhler-Langsdorf schrieb. Ich habe sogar über das letztere Buch mit meinem Berner Kollegen im vorigen Jahre persönlich gesprochen. Damals kannte ich es nur flüchtig, sonst hätte ich ihm gesagt, daß er Quesnay m. Er. sehr stark überschätze. Niemals war ich aber im Zweifel darüber, daß die Auffassung von der physiokratischen Schule, wie sie Schmoller, Gustav Cohn und viele Andere vertreten und die in der physiokratischen Lehre in erster Linie wirtschaftlichen Individualismus und ein ziemlich naives Naturrecht sehen, auch heute noch die einzig historisch überzeugende ist. Indessen sind das wissenschaftliche Doktorfragen ohne Bedeutung für die heutige Wirtschaftspolitik.

Dagegen muß ich zugeben, daß ich erst heute durch eine sozialdemokratische Zeitung, das „Offenbacher Abendblatt", das mir unter Kreuzband zugeschickt worden ist, entdeckt habe, daß Herr Professor Dr. Oncken selbst sich zur physiokratischen Lehre und als Schüler von Quesnay bekennt. Nach der genannten Quelle hat Herr Professor Oncken in einer von Ruhland herausgegebenen periodischen Monatsschrift 1901 eine Broschüre veröffentlicht unter dem Titel: „Was sagt die Nationalökonomie als Wissenschaft über die Bedeutung hoher und niedriger Getreidepreise?" Ich konnte mir diese Schrift im Augenblick nicht verschaffen. Das „Offenbacher Abendblatt" zitiert aus ihr folgenden Passus: „Hätte Marx diesen Umschwung (das angebliche Aufgeben der „Veredelungstheorie") mitgemacht, so würde er durch die Konsequenz seiner Gedankenführung dahin gekommen sein, die Schutzzölle im allgemeinen und die Getreidezölle im besonderen zu verteidigen" (S. 79). Ich habe keinen Grund anzunehmen, daß dieses Zitat unzuverlässig sei. Auch sonst stimmt das Organ des Herrn Abgeordneten Ulrich mit Herrn Professor Ruhland darin überein, daß Herr Professor Oncken grundsätzlich die physiokratischen Anschauungen Ruhlands teile. Wie gesagt, war mir das entgangen und ich muß infolgedessen nachträglich meine Behauptung, daß es außer Herrn Professor Ruhland in der Kulturwelt keinen nationalökonomischen Gelehrten gäbe, der noch Physiokrat sei, entsprechend abschwächen. Ruhland behauptet, daß er noch andere Autoren der Art kenne. Ich kann die Richtigkeit dieser Auffassung nicht untersuchen; denn Ruhland macht seine weiteren Eideshelfer nicht namhaft. Ich kenne sie jedenfalls nicht, was wohl entschuldbar ist.

Im höchsten Grade erstaunlich ist es dagegen, daß man die physiokratische Lehre, die 150 Jahre alt ist, und über die riesenhafte wirtschaftliche und soziale Umwälzungen, ja Revolutionen, hinweggegangen sind, als diejenige bezeichnet, welche unserm Fach einen „frischen Geist" und eine neue, dem „Bedürfnisse des Lebens besser angepaßte" Richtung auf den Lehrstühlen bringen soll. Verstehe das, wer's kann!

Es gab allerdings eine Zeit, wo die nationalökonomische Wissenschaft dem praktischen Leben in unerwünschter Weise abgewandt war. Damals philosophierte man in der engen Studierstube über ökonomische Dinge und tüftelte geschlossene Systeme mit starren wirtschaftlichen Naturgesetzen aus. Was im wirtschaftlichen Leben und Treiben wirklich vorging, wurde von den gelehrten Nationalökonomen nur aus dritter oder vierter Hand verwertet. Man verdankt dieser Epoche unseres Faches trotzdem mancherlei Lehrsätze und Grundanschauungen von bleibendem und hohem Werte; man verdankt ihr aber auch übertriebene orthodoxe Dogmen, wie das einseitige Freihandelsargument, das „eherne Lohngesetz" und die „Verelendungstheorie". Die volkswirtschaftliche Schulung des Beamtentums, dessen Heranbildung die vornehmste Aufgabe der nationalökonomischen Dozenten hätte sein sollen, kam dabei arg zu kurz. Die wirtschaftlichen Interessentengruppen griffen aber damals die Gelehrten nicht an, weil man sie nicht zu fürchten hatte. Gegen den harmlosen Stubengelehrten, der nur der wissenschaftlichen Spekulation lebte, brauchte keine der Parteien, die damals für die Aufrechterhaltung ihrer privilegierten politischen Stellung in Staat und Gesellschaft kämpften, vom Leder zu ziehen. Man ließ den Nationalökonomen ebenso in Ruhe, wie dieser die Parteien.

In einer zweiten Periode der deutschen staatswissenschaftlichen Doktrin unter der Herrschaft der Manchesterschule waren die Politiker der damaligen Mehrheitsparteien und viele Gelehrten insofern einig, als sie beide auf die Bibel der freien Konkurrenz, auf das laissez faire et laissez passer, welche famose wirtschaftspolitische Maxime notabene übrigens nach Oncken gerade von dem berühmten Quesnay stammt, schworen. Die Souveränität der Individuen auf allen Gebieten des wirtschaftlichen Handels galt als oberstes Ziel. Jede fallende Fessel wurde jubelnd begrüßt, als ein Schritt weiter zum Ideale. Man berauschte sich in Axiomen, die vollständig im Dienste der englisch-französischen Orthodoxie standen. In der späteren Freihandelsperiode, die Deutschland Jahrzehnte lang beherrschte, bestand dann ein eigentümliches Bündnis zwischen dem liberalen „Kongreß der deutschen Volkswirte“, dem „Deutschen Handelstage“, den politischen Vertretern der norddeutschen See- und Handelsplätze einerseits und dem ostelbischen Großgrundbesitz und der preußisch-deutschen Staatsregierung andererseits. Auch Windthorst, unter dessen einflußreicher Mitwirkung später die schutzzöllnerische Tarifreform von 1879 zustande kommen sollte, erklärte noch 1873, „er vertraue der freihändlerischen Richtung im Handelssysteme immer mehr, er sei überzeugt, daß jeder Versuch, dieselbe dauernd zur Umkehr zu bringen, jämmerlich scheitern würde“. Die Namen derjenigen Reichstagsabgeordneten, die ihm sekundierten, verdienen, zumal in unserer raschlebenden und schnell vergessenden Zeit, der Erinnerung entrissen zu werden. Es waren neben den gewissen liberalen Dogmatikern, deren Stellungnahme in dieser Frage aber nur ein konsequentes Glied ihrer allgemeinen und prinzipiellen Anschauung vom freien Rechtsstaat war, diejenigen der Konservativen von Behr-Schmoldow, von Minnigerode, von Below-Saleske, von Wedel-Malchow u. a. m.

Die Manchesterschule stieß indessen frühzeitig auf kräftigen Widerspruch von zwei Seiten, beim Sozialismus und bei der historischen Schule. Während der erstere die ganze kapitalistische Wirtschaftsordnung der denkbar schärfsten Kritik unterzog und nur von einer vollständigen Umwälzung der historisch gewordenen Verhältnisse eine wirkliche Besserung des gesellschaftlichen Organismus sich versprach, suchte der Historismus eine realistische Wirtschaftspolitik auf der Basis universaler wirtschaftsgeschichtlicher Erkenntnis zu erbauen. Namentlich die Roschersche Schule brachte unsere wirtschaftspolitische Ideenbildung ein gutes Stück vorwärts, denn sie schloß einen besonnenen Kompromiß zwischen der geschichtlichen Betrachtung mit der theoretischen Forschung der Klassiker. Sie wurde aber bei ihrem überemsigen Sammeleifer fast erdrückt von der Fülle der historischen Einzeltatsachen, die nicht selten nur halbverarbeitet zusammengefügt werden konnten. Die eigentliche Wirtschaftsgeschichte, jenes wichtigste Hilfsfach der Nationalökonomie, lag damals noch recht im Argen. Es kam als nächste notwendige Etappe die „neue" historische Schule, die als dringlichste Aufgabe die „Kenntnis der sozialen Zustände um uns" bezeichnete. „Der Neu-Historismus", so charakterisierte gelegentlich Dietzel diese Richtung, „sandte seine Jünger ins Volk; die Wissenschaft stieg herab vom Katheder und suchte den Proletarier auf im Bergwerk und in der Fabrik, den Kleinmeister in der Werkstatt, belauschte die unteren Klassen in ihrem häuslichen Leben, in der Schenke, im Spital." Neben dieser vorwiegend sozialpolitischen Forschung kam das Studium der landwirtschaftlichen Frage nicht zu kurz. Man verdankt z. B. Knapp und seinen Schülern eine vollständig neue Beleuchtung des Werkes der Bauernbefreiung. An den großen Agrarenqueten der neueren Zeit in Baden, Hessen, Elsaß-Lothringen, Württemberg und Preußen hat die kathedersozialistische, neu-historische Schule den regsten Anteil genommen und zum Teil die Hauptarbeit geleistet. Ihr ausschließliches Werk sind die drei Bände über „die bäuerlichen Zustände in Deutschland", die der „Verein für Sozialpolitik" herausgegeben hat. Ebenso hat dieser Verein die ländliche Arbeiterfrage in umfangreichen Monographien, die von keiner anderen Publikation übertroffen worden sind, in das Bereich seiner Untersuchungen gezogen. Man hat die Sachsengängerei, das ländliche Erbrecht, die landwirtschaftliche Kreditfrage, das landwirtschaftliche Genossenschaftswesen in zahlreichen Spezialwerken behandelt, und Buchenberger hat in dem Wagner'schen „System der politischen Ökonomie" zwei dicke Bände über Agrarwesen und Agrarpolitik, ein geradezu klassisches, bahnbrechendes Werk, veröffentlicht. Wer die angesehenen nationalökonomischen Zeitschriften der Gegenwart durchblättert, findet fast in jedem Bande eine Reihe von Untersuchungen über die Agrarfrage in allen ihren verschiedenen Verzweigungen. Die wissenschaftliche Literatur über die Getreidezollfrage ist mit der Zeit derart angeschwollen, daß sie selbst der Fachmann kaum mehr übersehen kann. Auch hier haben das Wertvollste die letzten Bände des Vereins für Sozialpolitik, wo das handelspolitische Problem von allen Seiten und Gesichtspunkten her untersucht wird, geliefert. Ich selbst habe ganz kürzlich einen bescheidenen Detailbeitrag zur Zollfrage, in dem das Interesse der hessischen Bauern an den höheren Getreidepreisen im Wege einer Privatenquete durch einen meiner Gießener Schüler, Dr. Rudolf Koenig, festzustellen versucht worden ist, zu liefern unternommen. Diese von mir als Doktordissertation zugelassene Arbeit, die ihren Verfasser zu Resultaten führt, die ihn eine starke Erhöhung der Agrarzölle auch im Interesse des bäuerlichen Klein- und Mittelbesitzes befürworten lassen, hat mir eine Reihe von scharfen Angriffen in der demokratischen und sozialdemokratischen Presse *) eingetragen, die mich freilich in der von mir grundsätzlich beobachteten Unbefangenheit und neutralen Haltung exakten Forschungsresultaten gegenüber nicht haben erschüttern können. Allerdings werden nicht alle Ergebnisse der Koenig'schen Studie den Abgeordneten Köhler-Langsdorf voll befriedigt haben, denn Koenig weist unter anderem nach, daß eine Erhebung, die Herr Köhler selbst früher versucht hatte, für ernste statistische Zwecke gänzlich „unbrauchbar sei".

*) Ich möchte bei dieser Gelegenheit dem sozialdemokratischen „Offenbacher Abendblatt" gegenüber, nachdem eine dorthin am 30. November v. J. eingesandte Berichtigung meinerseits trotz des gewünschten Abdruckes nichts genützt hat, zweierlei richtig stellen: 1. Ich habe nirgends behauptet, daß die Koenig'sche Arbeit eine „wissenschaftliche Leistung ersten Ranges" sei. Die gegenteilige Behauptung des Offenbacher Blattes vom 4. Februar d. J. enthält eine objektive Unwahrheit. 2. Ich habe niemals ganz allgemein gesagt, daß der „zoll- und agrarpolitische Standpunkt Glaubenssache" sei, wie die genannte Zeitung am 5. Januar d. J. ihren Lesern erzählt, sondern ich habe vielmehr nur hervorgehoben, daß es Glaubenssache sei, ob man für den Agrarzoll nur dann eintrete, wenn er auch den Bauern, nicht nur den Großgrundbesitzern allein nütze. Doch gebe ich ohne weiteres zu, daß ich diesen Satz nicht besonders glücklich formuliert hatte.

Die nationalökonomische Forschung des letzten Menschenalters ist nicht dabei stehen geblieben, die deutschen Agrarverhältnisse der Vergangenheit und Gegenwart darzustellen, sondern wir verdanken ihr auch ausgezeichnete und subtile Untersuchungen über die analogen Zustände in Frankreich, England, Italien und Österreich. Auf allen Gebieten des praktischen wirtschaftlichen und sozialen Lebens hat also die heute herrschende nationalökonomische Schule belebend und reformierend gewirkt. Ihre Realistik entsprach dem tiefsten Bedürfnis der Zeit. Sie brachte in der Wirtschafts- und Kulturgeschichte eine vollständige Umwälzung hervor und eine neue glänzende Epoche der Geschichtsdarstellung überhaupt zuwege, sie stellte sich ganz in den Dienst des sozialen Fortschritts und sozialen Friedens, und auf ihrem fruchtbaren Boden wurzeln die großen legislatorischen Schöpfungen der sozialen Gesetzgebung. Kein Gesetzgeber und kein Parlament kann die Schriften des „Vereins für Sozialpolitik", von denen bisher mehr als hundert Bände erschienen sind, auch nur einen Augenblick entbehren. Das große, sieben starke Lexikonbände umfassende „Handwörterbuch der Staatswissenschaften", das in kurzer Frist in zweiter Auflage erschienen ist, ist in der ganzen Weltliteratur und in der ganzen Tagespresse als ein standard work, ein Monumentalwerk deutschen Gelehrtenfleißes und deutscher Gewissenhaftigkeit, wie es die Literatur keiner anderen Kulturnation aufzuweisen hat, gefeiert worden.

Der realistischen Schule der deutschen Nationalökonomie, deren einziger Fehler eine zu starke Vernachlässigung der sozialökonomischen Entwickelungsgesetze und der wirtschaftsphilosophischen Abstraktion war, und die hie und da auf ein übertriebenes Spezialistentum hinauslief, verdanken wir endlich jenen Aufsehen erregenden Umschwung in den grundsätzlichen Auffassungen der deutschen Sozialdemokratie. Vorläufig ist freilich diese sogenannte „Mauserung" nur in den wissenschaftlichen, denkkräftigen und kritischen Köpfen einer bestimmten Gruppe zu verspüren. Aber diese Abkehr und Verleugnung des

Marxistischen Programms, von dem kaum noch ein einziges Dogma unerschüttert geblieben ist, wird sicher in absehbarer Zeit unendlich segensreiche Früchte tragen. Und was sind denn die „Ketzereien" eines Eduard Bernstein und eines Dr. Eduard David anderes, als eine Überwindung des allein seligmachenden Marxismus durch die deutsche nationalökonomische Theorie? Zu diesem Siege hat die historische Schmoller'sche Schule ebenso beigetragen, wie die großen Systematiker Wagner, Schäffle, Conrad, Gustav Cohn, Dietzel u. a. Ich nehme keinen Anstand, zu behaupten, daß die endliche Niederwerfung des Marxismus mit literarischen Waffen die wertvollste Errungenschaft der deutschen nationalökonomischen Forschung mit ihrer unerreichten Solididät und Wahrheitsliebe bleiben wird.

An Herrn Professor Ruhland und an seinem Freunde Köhler-Langsdorf ist freilich die ganze Epoche des Aufschwunges der nationalökonomischen Geistesarbeit völlig spurlos vorübergegangen. Herr Ruhland negiert Alles und sieht ein Heil nur in dem Wiederaufleben eines schwärmerischen Sektenglaubens à la Quesnay und seiner Schule. Das wunderliche System dieses Ideologen, der nicht nur eine Panacee für das dauernde Volksglück, sondern auch die Quadratur des Zirkels gefunden haben will, der die lächerlichsten Vorstellungen von der Produktivität der Stände und die souveränste Geringschätzung des Handels zeigt, und von einem volkswirtschaftlichen Aufbau des Staatsorganismus ausgeht, wie ihn heute kein einziger Kulturstaat mehr besitzt, soll plötzlich, nachdem ihn ein einzelner Forscher ausgegraben hat, auf den deutschen Lehrstühlen wieder herrschend gemacht werden. Dieses System, das unpraktisch bis zur Karrikatur ist, soll die Grundlage einer „wirklich praktischen" Wirtschaftspolitik der Zukunft werden; und das Schönste an der Sache ist, daß der neueste Universitätsreformator, Herr Köhler-Langsdorf, das ganze „Lehrgebäude" gar nicht verstanden hat. —

Ich kann mir, wie gesagt, den ganzen tragikomischen Vorgang nur so erklären, daß Herr Dr. Ruhland hinter diesem

Scheinmanöver als treibende Kraft, als persönlich interessierter Kandidat, der à tout prix deutscher Universitätslehrer werden will, gestanden hat. Aus dieser Auffassung heraus mußte ich in erster Linie die persönliche Seite der Angelegenheit betonen. In keiner Polemik, in die ich bisher verwickelt worden bin — meistens ohne mein Zutun — bin ich so persönlich ausfallend geworden, wie hier. Nur mit innerem Widerwillen habe ich mich deswegen entschlossen, diese Blätter mit ihrem streitbaren Inhalt der Öffentlichkeit zu übergeben. Es war aber höchste Zeit, daß diesen Quertreibereien und Intriguen gegenüber ein kräftiger Riegel vorgeschoben wurde. —

Ich habe nun Alles in zwei durchwachten Nächten mir vom Herzen heruntergeschrieben, was ich zur Abwehr sagen durfte und auszusprechen für unbedingt unerläßlich hielt. Ich erkläre aber ausdrücklich, daß ich mich auf eine weitere Polemik der Art nicht mehr einlassen kann, mögen die Herren Ruhland und Genossen nun antworten, schimpfen und drohen, wie sie wollen. Ich habe genug von der Gesellschaft. Es hat fast den Anschein, als ob es lokal mit Gießen zusammenhänge, daß der Kampf zwischen „Köhlerglauben und Wissenschaft" *), der schon vor einem halben Jahrhundert die Druckerpresse in Bewegung gesetzt hat, immer wieder gerade von dort aus ausgetragen werden müsse. Nur eine „Ruhland-Säule", die „manteltragende" Heldenfigur, fehlt uns Gießenern noch. Sie muß noch erst ausgehauen werden!

---

*) Karl Vogt, „Köhlerglaube und Wissenschaft". Gießen, 1855.

Hof- und Universitätsdruckerei Otto Kindt, Gießen.

www.ingramcontent.com/pod-product-compliance
Lightning Source LLC
LaVergne TN
LVHW091731021026
849161LV00003BB/556